商务日语系列丛书

走进日企

总策划　徐　涵　安如磐

主　编　王立坤　汪　琪

副主编　刘　丽　宋晓峰　韩晓玥　黄　真

参　编　雷　悦　张　琦　钟　华　于筱迪

主　审　阿武波津美

西安电子科技大学出版社

内 容 简 介

本书充分考虑到学习者就职的需要，以及对日企文化知识的更深入了解的需要，深层次地从日本的文化、礼节、日企的特色等方面进行了系统的介绍和讲解，使学习者在逐步接触日本企业时能够运用所学的日企文化知识，以最快的速度融入到日本企业的工作中。

本书共七章，主要包括初识日本企业、走进日本企业、日企商务礼节、日企商务常用语、日企商务信函、日企就业指导、就业案例分析等内容。每一章又分为导言、本课任务、知识讲解、知识拓展、问题思考五个模块，以帮助学习者快速掌握知识，并提高学习兴趣。

图书在版编目 (CIP) 数据

走进日企/王立坤，汪琪主编. —西安：西安电子科技大学出版社，2015.12(2016.3 重印)
(商务日语系列丛书)
ISBN 978-7-5606-3385-5

Ⅰ. ① 走… Ⅱ. ① 王… ② 汪… Ⅲ. ① 商务—日语—口语—教材 Ⅳ. ① H369.9

中国版本图书馆 CIP 数据核字(2014)第 084726 号

策　　划　高 樱
责任编辑　张晓燕　王思美
出版发行　西安电子科技大学出版社(西安市太白南路 2 号)
电　　话　(029)88242885　88201467　　邮　　编　710071
网　　址　www.xduph.com　　　　　　电子邮箱　xdupfxb001@163.com
经　　销　新华书店
印刷单位　陕西华沐印刷科技有限责任公司
版　　次　2015 年 12 月第 1 版　　2016 年 3 月第 2 次印刷
开　　本　787 毫米×960 毫米　1/16　印　张　9
字　　数　154 千字
印　　数　501～1500 册
定　　价　23.00 元
ISBN 978-7-5606-3385-5/H

XDUP 3677001-2
如有印装问题可调换

序

　　随着世界经济一体化时代的到来，中日两国在政治、经济和文化等各个领域的交流越来越密切，中国需要大量精通日语的人才。据不完全统计，日语人才在中国各行业的就业比例为：日资企业占 50%～60%；国家机关(包括外交部、各级政府、海关、外经贸办公室和贸易促进协会等)占 20%左右；大学老师和日语导游各占 10%左右。目前在中国的日企数量大幅攀升，日企人才需求旺盛，能用日语流利对话是日资企业对人才的基本要求。在这种形势下，学好商务日语也成为目前国内大学及职业院校学生的迫切需求之一。

　　《国家中长期人才发展规划纲要(2010—2020 年)》强调要大力开发和培养经济社会发展重点领域急需紧缺的专门人才。党的十八大报告也明确要求："深化教育领域综合改革，着力提高教育质量，培养学生社会责任感、创新精神、实践能力。"要贯彻落实党的十八大精神，就要以提高质量为核心，更加注重教育内涵发展；要坚持科学的教育质量观，把促进人的全面发展和适应社会需要作为衡量质量的根本标准。

　　为了切实贯彻落实国家有关政策和文件的精神，我们组织策划了《商务日语系列丛书》。这套丛书的作者都有着丰富的一线教学经验和海外背景，宋晓峰老师、韩晓玥老师有赴日留学经历，汪琪老师、李飞老师来自日资企业，熟悉企业的生产实践环节，熟悉日企文化。他们参与过日文录入、排版等行业企业标准的制定。这些都为本套丛书的图书质量奠定了坚实的基础。

　　本套丛书共分为四册，分别是《走进日企》、《日文办公自动化试题汇编》、《日语精析精练》和《商务日语口语实训》。其中《走进日企》不仅介绍了日本公司的企业文化、企业管理等方面的内容，还深入浅出地介绍了日本的经济、文化、习俗等，使学习者能尽快完成"社会人"身份的转变；《日文办公自动化试题汇编》是为准备进入日企工作，想在短时间内掌握日文系统办公软件的学生编写的；《日语精析精练》则是为对自己有更高要求，准备考取国际公认的日本语能力认定书，成为语言和技能兼备的日语人才的学生服务的；若想真正掌握一门语言，融入语言背后的文化当中，就不但要会读写，更要会听说，从"哑巴日语"变为"脱口而出"，《商务日语口语实训》会助君一臂之力。

　　本套丛书坚持科学发展观，以就业为导向，遵循知识、能力、素质并重的原则，具有实用性强、特色鲜明的特点。

在丛书的编写的过程中，大连市现代服务职业教育集团的相关成员学校给予了大力支持，集团副理事长大连商业学校校长安如磐教授、集团秘书长大连商业学校副校长邓国民教授多次对丛书编写给予悉心指导；大连方正培训学校周宝龙校长给予了多次的技术指导，并提出修改意见；大连商业学校、大连计算机职业中专的一线教师，大连樱花国际语言学校的资深翻译，西安电子科技大学出版社的各位编辑对本套丛书的出版都倾注了大量心血。

本套丛书是为适应目前职业教育改革和发展的有益尝试。希望本套丛书能为商务日语的教育发展，为培养具有综合能力的技术型、技能型的商务日语专业人才做出贡献。

沈阳师范大学职业教育研究所 徐涵

2015 年 7 月

编审专家委员会名单

总策划 徐 涵

主 任 安如磐

副主任 邓国民

委员（排名不分先后）

李文东　刘　丽　山　崴

王立坤　宋晓峰　韩晓玥

汪　琪　雷　悦　黄　真

林乐法　李　飞　冉　旭

张　琦　钟　华　于筱迪

前　言

　　本书是以中等职业学校商务日语专业的学生为对象而编写的。作为介绍日企文化的教材，本书旨在帮助学生在未来的职场上快速转变自己的角色，因此书中广泛、详细地介绍了日本的文化、习俗、职场等内容，其内容和形式都有很多创新。商务日语专业的学生，在学习期间，通过学习和掌握日企的文化知识，为毕业后顺利进入日企工作打下坚实的基础；通过学习专业技能和日企文化，树立工作的信心。

　　在日资企业工作，上司和同事中有很多日本人，中国员工最常见的烦恼就是与日本上司和同事之间的沟通问题。新员工初入职场，难免有种被排斥的感觉，这主要还是因为自身的适应能力相对较差。新员工不要有过多的焦虑，应首先主动从自己身上找原因，遇到问题不要推卸责任，多做事、少说话，通过不断交流、主动沟通，成为受团队欢迎的一员。

　　人们常说工作的 80% 是沟通，在多数企业中，都是善于沟通的员工提升得快。比如作为一名在日企工作的日文录入人员，掌握日文录入方面的专业知识是非常重要的，但是，作为集体中的一员，如果不能很好地理解这个集体的特征、上司的工作方式、沟通的方法和思维惯例，就容易与上司或同事发生摩擦，不能愉快地工作，更谈不上提升职位了。因此，对在日资企业工作的人来说，了解日资企业的特征、价值观以及商务礼仪等常识是必不可少的。

　　本书从日企的文化、日式的管理理念、日企的礼节礼仪、日常商务用语等方面进行了详细的剖析和论述。由于编者水平所限，书中难免有这样或那样的疏漏和不足，真诚期望各位同仁和广大同学批评、指正，以便我们在今后的工作中加以改进、完善。

编　者

王立坤　汪琪

2015 年 7 月

目　　录

第一章 初识日本企业

导言 日本式经营在 20 世纪 80 年代风靡全球，一个原因是日本经济在 20 世纪 70 年代初期高速发展，还有一个很重要的因素是日本企业中出现了人本主义管理理念，这是日本企业管理模式的精髓。然而，随着 20 世纪 90 年代日本经济泡沫的破灭，日本进入了"失落的 10 年"。2007 之后，由雷曼兄弟公司破产引发的金融危机动摇了日本式经营的根基：由于业绩低迷，松下、索尼、东芝等企业相继实施了大规模的裁员计划；在日本企业中被视为"家常便饭"的加班越来越少；由于裁员盛行，以和谐为特征的劳资关系逐渐走向对立。

同学们，大家马上就要面临实习和就业，而且大多数的同学都会走进日企施展自己的才华，实现自己的理想和抱负。那么，今天就让我们走进日企，了解一下日企的组织结构和文化制度吧。

▼ 本课任务

◎ 日企内部的组织结构
◎ 日企员工的雇佣形式
◎ 日企的人力资源管理
◎ 日企员工的上班时间和休假
◎ 日企员工的几种意识

知识讲解

一、日企内部的组织结构

日本企业的股份所有制非常独特,其集团企业股权制和欧美企业完全不同。在东南亚金融危机以前,日本集团企业中,包括董事长(会长)、总经理(社长)在内的董事会由 40 人左右的董事组成,同时他们也是企业的实际经营者。

日本公司的经营最高层是社长,年龄一般都在 65 岁左右,甚至更高。次之是专务和常务。如果他们是专务取缔役和常务取缔役的话,同时也是董事。专务和常务日常多会兼任一些部门的管理工作。另外,这些董事并不一定是出资者的代表,可能是工作需要的安排和能力的体现。

下属各职能部门的管理人员称呼为部长,往下是次长。日本国内直属的工厂的最高领导为厂长。部长(厂长)也多是 55 岁以上,不过经验都极为丰富。他们对上谨小慎微,对下和蔼可亲,工作井井有条,生活有条不紊。再往下,部门内就是室长、课长、主任、班长职员、员工。基本上 40 岁左右应该能升到课长或者主任。

以上是日企内部结构的情况。总体上来说,在日资公司做到部长、次长以上级别,退休后可以领到数额不菲的退休金和奖金,具体金额由公司规定。当然,在日企最好的地方是,如果你真的有能力,即使你开始从最底层的工作做起,你一样可以做到传统大公司的社长或董事。

日资企业在中国的子公司多为生产型企业。在华公司的总经理在日本总部的级别最高不会超过部长级,多为次长。生产车间会专门有一个"工厂长",作为工厂部门的领导。其他就是各部门的部长。比较特殊的是,日企的财务部往往和管理部(即人事行政法务部门)归属一个部长管理。如果公司更小些,甚至财务只有一个课,归属管理课课长管理。

了解了日本企业内部的组织结构,下面就让我们学习一下这些职位名称的日语表达吧。

取締役会	「とりしまりやくかい」	董事会
会長	「かいちょう」	会长
取締役	「とりしまりやく」	董事
社長	「しゃちょう」	社长
専務	「せんむ」	专务
常務	「じょうむ」	常务
部長	「ぶちょう」	部长
次長	「じちょう」	次长
課長	「かちょう」	课长
係長	「かかりちょう」	股长
工場長	「こうじょうちょう」	厂长
班長	「はんちょう」	班长
組長	「くみちょう」	组长
支店長	「してんちょう」	分(店、行、公司)经理
責任者	「せきにんしゃ」	负责人
担当	「たんとう」	担任；责任人

二、日企员工的雇佣形式

许多同学在做日语听力试题的时候，可能会碰到"派遣社员(はけんしゃいん)"这样的词。如果你恰好热爱日剧，接触过很多类似于《派遣员的品格》的日剧，那对这个词就不会陌生。可是对很多刚接触日本文化的人来说，这个词显得十分陌生。在日本现实的职场中，也经常会有招聘岗位上写着"派遣社员"这样的字眼，那么今天就带着大家一起了解一下日企员工的各种雇佣形式吧。

如今的日本职场主要有四种雇佣形式，分别是：正式社员、派遣社员、契约社员、临时工。

最高级的就是正式社员。正式社员就是正式职工，有福利，有保险。不过要享受这些福利，自己也要付出很多，其中包括企业的"厚生年金"。"厚生年金"就是我们所说的养老保险，正式社员在退休之后能从公司一次性拿到一笔退职金。在日本，一般公司的正式社员几乎是终身制的，这也是绝大

部分日本人最想得到的一种工作形式，因为进入一家好的企业当上了正式社员，享有了终身雇佣之后，就会免去很多后顾之忧。

派遣社员跟钟点工十分类似，这些人员由派遣公司进行专门的管理，而用人单位按照工作时间支付给派遣公司相应的酬劳，派遣公司把扣除相应费用和利润之后的钱支付给派遣社员。这么看来派遣公司就像是一种专门的人才中介机构。日本的这种人才派遣业务可谓是一举两得。通过这种方式，企业在不断上新项目、加快产品更新换代、保持竞争优势的同时，又可以做到不养闲人。企业除支付给人才公司高于工资一定数额的费用之外，不必为他们缴纳养老保险等各种费用。员工与派遣公司是契约关系，会根据所派遣的工作的时限进行签约。

契约社员又称合同工，通常以一年为单位与企业签订合同，待遇与正式员工基本相同，甚至在薪酬方面比正式员工略高，但是没有身份上的保证，不享受一次性退休金，企业不景气时有可能被辞退。日本东京都于 2008 年 5 月 21 日公布了"有关契约社员的实际调查"结果，该结果表明：在一定雇佣期间缔结契约，进行全日制工作的契约社员，其中大约有 7 成的人，在工作量或责任方面回答说与正式社员是"同等以上"的关系。但是，正式社员的一年薪水的平均额为 531 万日元，契约社员的年平均收入却仅有 379 万日元。这一结果表明：契约社员即使与正式社员进行同样的劳动，年收入还是有较大差距的。

临时工是指在繁忙的工作日或时间段工作的员工，通常以家庭主妇或学生为主，工资通常以小时或天为单位计算，按月发放，不享受奖金及其他福利。

此外，还有按工作时间支付报酬的员工，称做计时工。与临时工相比，计时工就业时间没有规律性，工作期间也相对较短。另外在一些季节性较强的行业还会根据忙闲程度雇佣"季节工"。

了解了这么多种日企的雇佣形式，再让我们学习这些雇佣形式和各种岗位用日语是怎么说的吧。

正社員	「せいしゃいん」	正式员工
契約社員	「けいやくしゃいん」	合同工
派遣社員	「はけんしゃいん」	派遣员工
(アル)バイト		计时工
パート		临时工

スタッフ		各种人员
ウエーター		男服务员
ウエイトレス		女服务员
事務員	「じむいん」	办事员
秘書	「ひしょ」	秘书
経理	「けいり」	会计
営業	「えいぎょう」	推销员
交換手	「こうかんしゅ」	话务员
通訳	「つうやく」	翻译
タイピスト		打字员
車掌	「しゃしょう」	售票员

三、日企的人力资源管理

在实习和就业之前，也许有的同学会有这样的担心：自己在学校学习的知识能够胜任将要从事的工作吗？自己在这个企业中是否会有更好的发展空间？努力工作是否与获取的报酬成正比？实际上这些担心都不必有，因为日企内部有完善的"选人""用人""育人""留人"等制度。

1. 重视综合素质与团队协作精神的选人过程

日本企业的招聘方式主要有两种，即定期招聘和中途录用。对新员工的要求主要有以下两个特点：一是重视学生的综合素质。日本企业对毕业生的专业要求并不高，而且不太看重学习期间的成绩，更注重看毕业院校，是否毕业于名校是衡量学生综合素质的重要依据。二是强调应聘者的团队合作精神。"以和为贵"是日本企业文化的核心内容之一，所以企业在选拔员工时，会考察应聘者是否具有协作精神，能否与他人合作。

2. 以岗位轮换为特征的用人机制

企业在完成招聘后，就要对员工进行培训，之后安排工作岗位。日本企业的培训具有三个方面的特点：一是侧重于培养通才，这与美国企业重视专业人员的培养相比具有鲜明的特点；二是通才型的培养目标也决定了日本企业更多地采用在岗培训为主、脱岗培训为辅的形式；三是培训强调以老带新、重视榜样的力量。负责带新员工的老员工有时由企业指定，有时是在工作中自然形成的。

岗位轮换是日本企业人力资源管理的一个重要特点,主要优点包括三个方面:一是员工掌握多种技能,一方面能够避免因个别员工的临时缺勤影响工作,另一方面能够消除员工的单调感,调动员工的积极性;二是能够从制度上限制一名员工在某一岗位上停留过久而形成"占山为王"的现象;三是能够使未来的管理者经历多个岗位,建立广泛的人脉关系。通常,日本企业内的晋升是一种"螺旋式的升迁",即管理者在经历多个同级别岗位后得到提拔。

3. 强调员工归属感的留人机制

日本企业强调员工的归属感,重视以情感来维系与员工的关系。在日本,员工对企业的忠诚度很高,以至于有人形容为"社畜"——意为公司豢养的牲畜,其特点是对企业忠心耿耿,甚至不惜放弃自己的生活。当然,这种提法过于偏激,在日本国内也有很多争议,但也从一个侧面反映了日本企业通过形成命运共同体来提高员工积极性的传统。

日本企业的激励机制呈现出三个特点:一是以员工生活为基础的薪酬体系。二是重视态度的绩效考评。绩效考评包括能力、业绩和态度等方面,员工的工作态度是考核的一项重要指标,即使员工的业绩并不突出,只要工作态度认真、有进取心,同样会得到肯定。三是重视沟通。"连署与协商"既是日本组织在决策程序上的一个重要特点,也是一种沟通的方式。连署意指日本企业在进行决议之前,要将草案在各个相关平级部门之间传阅,并根据需要进行修改。这样在表决时才会"全体一致通过"。协商在日语里的原文为"根回"(ねまわし),就是私下做工作的意思。

4. 以内部资格制度为特征的育人方式

日本企业重视通过职业开发的方式来培养人才。由于日本大企业的人员录用是以长期雇佣为前提的,员工的职业生涯计划就显得尤为重要。通常,日本企业站在员工的立场考虑职业生涯计划,并进行相应的培训,这也是保留员工的一种手段。而内部资格制度又从客观上起到了这种作用。

由于内部资格制度仅仅适用于本企业,所以员工很难做出离职的决定。因为变换工作意味着经济收入的剧减,而且在本企业所掌握的技能在其他企业根本用不上,尤其是一些事务性的技能。此外,年功序列制和退休金制度也从某种程度上起到了保留员工的作用。

同学们,学习到这里,大家一定会对日企中都有什么部门感兴趣吧,那么让我们学习一下日企各部门的说法吧。

総務部	「そうむぶ」	总务部
製造部	「せいぞうぶ」	制造部
人事部	「じんじぶ」	人事部
営業部	「えいぎょうぶ」	营业部
開発部	「かいはつぶ」	开发部
技術部	「ぎじゅつぶ」	技术部
資材部	「しざいぶ」	资材部
輸出部	「ゆしゅつぶ」	出口部
広報部	「こうほうぶ」	宣传部
調査部	「ちょうさぶ」	调查部
法務部	「ほうむぶ」	法务部
宣伝部	「せんでんぶ」	公关部
企画部	「きかくぶ」	企划部
会計課	「かいけいか」	财务科
品質保証課	「ひんしつほしょうか」	质检科
貿易課	「ぼうえきか」	贸易科

四、日企员工的上班时间和休假

　　每一个将要成为日企员工的同学一定对每天在日企要工作多少时间，有没有加班，怎样放假感兴趣吧！那就让我们了解一下日企员工的上班时间和休假吧！

　　一提到日企员工，大家就很容易想到"勤奋""努力"这样的字眼。的确，"勤奋"已成为日本人的代名词。他们从孩提时就认真学习，成人后像蜜蜂一样辛勤工作。可以说，"劳动是一种美德"的伦理观念和长时间的工作造就了勤奋的日本人。首先让我们一起了解一下作为一名日企员工，通常一天的工作时间吧。

日企员工的工作时间

	10:15	10:30				15:00	15:15	
	休息		休息时间			休息		

8:30　　　　　　　　　12:00　　12:45　　　　　　　　17:30

　　如表所示，日企员工一天的工作时间是 8 小时，和我们的工作时间长度是一样的。但日企员工的加班之多也是我们早有耳闻的。与法国人相比，日本人每年要多工作 450 小时(约 64 天)。难怪有人讽刺说："日本的经济是由工蜂日本人支撑的。"说到"娱乐"，现在最会玩乐的恐怕要数大学生了。这也许因为在上大学之前被无休止的考试压抑着，无暇玩耍，大学毕业之后又将面临工蜂般生活的缘故吧。至于实业家们的娱乐，也无非是打打麻将或高尔夫球什么的。然而这些也常常是出于工作的需要。

　　就目前日本经济的发达程度而言，真有必要进行如此长时间的工作吗？这应该是大家都会存疑的问题，也许日本人也无法解释这个问题。

　　日本的工薪族虽然一天上班时间很长，他们经常会加班到很晚，但他们的假日也多，除了星期六和星期天休息外，每个月基本上还有一两个其他假日，这些假日在日历上显示为红色，因此叫做红日子。

　　例如 11 月就有两个红日子：3 日叫文化日，23 日叫勤劳感谢日。据日本的法律《节日法》规定，勤劳感谢日是以"尊重勤劳、祝贺生产、国民互相感谢"为宗旨，大概是说你太辛苦了，这天休息吧！日本的节日名目繁多，10 月 8 日是体育日，9 月 17 日则是敬老日，还有一年中的春分和秋分之日也是假日。

　　一年中较长假期有 3 次，5 月份红日子最多，3 日是宪法纪念日，4 日是绿色之日，5 日是儿童日，这 3 天再加上周末两天，也就连成了个黄金周了。8 月份有盂兰盆节，又称魂祭、灯笼节、佛教万灵会等，原是追祭祖先、祈祷冥福的日子，届时各地都要举行各有特色的庆祝活动。日本各公司视情况决定放假天数，大约 1 个星期，也有的长达半月。

　　日本尽管规定了大量的公共节假日和每年平均 18 天左右的假期，疲惫不堪的日本劳动者们好像已经习惯了这种日本传统影响下的约定俗成的过度劳动生活。但是最近日本 Expedia 公司做了一项调查，比较了 24 个国家的法定节假日安排。结果显示，日本超时劳动的现象依然存在。

　　由于平均只有 39%的劳动者可以带薪休假，日本已经连续六年排在世界倒数，所以日本员工对工作的满意度也排名最后就不足为奇了。

　　尽管日本的法定假日数量接近于全球每年休假不少于 20 天的平均水平，

但实际上日本员工只能休7%的假期，并且休假不一定是为旅游，有时候只是代替病假，这导致日本成为全世界最疲惫的国家。

不管怎样，在老龄化、少子化现象日趋严重的日本社会，以法律形式固定下来的带薪休假制度仍能在不同程度上约束企业领导者是否让员工休假，具有不容忽视的积极作用。但在经济大潮的冲击和市场竞争的高压下，号称"拼命三郎"的日本人何时才能既不耽误工作，又能理直气壮地享受带薪休假呢？这一天从目前来看似乎还有些遥远。

下面让我们继续了解一下在日企工作中经常遇到的单词吧。

出勤	「しゅっきん」	上班
欠勤	「けっきん」	缺勤、请假
残業	「ざんぎょう」	加班
夜勤	「やきん」	夜班、夜间工作
給料	「きゅうりょう」	工资
賞与	「しょうよ」	奖金
休暇	「きゅうか」	休息
サラリーマン		工薪阶层
朝礼	「ちょうれい」	朝会、早会
会議	「かいぎ」	会议
作業服	「さぎょうふく」	工作服
手当て	「てあて」	津贴
ビジネスマン		商人、实业家、事务员
我慢	「がまん」	忍耐、克制、忍受
仕方	「しかた」	方法、办法、做法
支える	「ささえる」	支持、支撑

五、日企员工的几种意识

有的同学可能会有这样的疑问"日本是靠什么秘诀创造出经济迅速增长和令人信赖的社会的？"面对这个问题，日本人也许觉得没什么秘诀而言。因为对于日本人来说，社会秩序保持着安全、可靠是理所当然的事情。也许下面的这几个小故事能引起同学们更多的思考。

1. 日本人的敬业意识

故事的主角是一个利用暑期到东京帝国饭店打工的女大学生。女大学生在这个五星级饭店里所分配到的工作是洗厕所。当她第一天伸手进马桶刷洗时，差点当场呕吐。勉强撑了几天后，实在难以为继，决定辞职。但就在此关键时刻，大学生发现，和她一起工作的一位老清洁工，居然在清洗工作完成后，从马桶里舀了一杯水喝下去。女大学生看得目瞪口呆，但老清洁工却自豪地表示，经他清理过的马桶，干净得连里面的水都是可以喝的。这个举动给女大学生很大的启发，令她了解到所谓的敬业精神，就是任何工作，不论性质如何，都有理想、境界与更高的质量可以追寻；而工作的意义和价值，不在其高低贵贱，却在于从事工作的人，能否把重点放在工作本身，去挖掘或创造其中的乐趣和积极性。此后，每次进入厕所，女大学生不再引以为苦，却视为自我磨练与提升的道场。每当清洗完马桶，总是清晰地自问：“我可以从这里面舀一杯水喝下去吗？”假期结束，当经理验收考核成果时，女大学生当着所有人的面前，从她清洗过的马桶里舀了一杯水喝下去，这个举动同样震惊了在场所有人。尤其让经理认为，这名女大学生是无论如何都必须招揽的人才！毕业后，女大学生果然顺利进入帝国饭店工作。凭着这种难得的敬业精神，37 岁以前，她是日本帝国饭店最出色的员工和晋升最快的人。37岁以后，她步入政坛，得到小泉首相赏识，成为日本内阁邮政大臣，这位女大学生的名字叫野田圣子。

在政治问题上，我们同日本确实有很多的分歧。但有一点让我们觉得非常佩服，那就是日本人的敬业精神。何为敬业精神？就是在公司不用任何制度(比如上班打卡)来记录考勤的时候，自己也会在一天之内上满 8 小时的班，甚至还会加班加点；在没有主管或同事在场的时候，自己也不会利用上班时间干私活，或者闲逛打瞌睡；在自己没有能够按时完成工作任务的时候，会主动不计报酬地加班把工作完成。在同一个企业、同一个车间、同一个岗位、同一台机器旁以“同一个姿势”坚持到退休，这就是敬业精神。

2. 日本人的服务意识

在日本的任何场合都不用担心“露怯”，因为任何地方都有详细说明。坐新干线列车时，每个座位的背后都标明了所在车厢和周围几节车厢的设施，注明了厕所、垃圾箱、电话的位置，这些设施都用图案表示，如一男一女并列的图案，在燃烧的烟头上打上斜线的图案。而且在说明的最后一行，又会用日文、英文特别说明这些图案代表什么，如一男一女并列表示厕所。

日本的地图也十分周到体贴。走过一两条街，在街口就会有一张指示周

围区域的地图，地图的设置不是上北下南之类的，而是空中俯拍式的，人面对着地图，就能立即找到前面、背后、右手边、左手边是什么。

日本的饮食可能不一定合中国人的胃口，但进日本餐馆点菜却绝对没任何担忧。每个饭馆门口都有一个橱窗，里面是用蜡做的完全逼真的食物，展示出来的食物内容、形状、数量和实际端出来的完全一样。即使橱窗里没有陈列的，还可以看餐馆内的拍成照片的菜谱，要花多少钱、是什么菜品，在吃之前就已了然于胸。

大家都知道日本没有假货，只管放心购买就行。但是仅仅用不卖假冒伪劣产品来评价日本，恐怕还远远不够。实际上，日本人的质量意识几乎已深入到骨髓里。在日本，最舒适的是上厕所。无论是在饭店、商场，还是地铁车站或街边小饭馆，进到任何一家厕所，墙壁、地砖、卫生洁具等都明亮洁净。在厕所里，看不到一个水龙头漏水，也没有马桶漏水或厕所门坏了之类的问题。而且所到之处，厕所均无异味。日本劳动力很贵，所以在公共场所的厕所很少见到有人站立一旁随时清洁。

日本人的服务意识并不只是表面的微笑，而体现在他们从细节方面抓起，去发现顾客需要什么，真正为顾客着想，服务人性化。因此说日本人的服务意识堪称世界第一也不为过吧。

3. 日本人的自律意识

日本是地铁极为发达的国家，在东京和大阪，地下都是空城，从地面上任何一栋高楼往地下走，都能通向地铁车站。去往较远的城市时，还有高速的新干线。但无论是在拥挤不堪的地铁车厢里还是在新干线的火车上，都见不到一点垃圾。在车站站台，经常会看到人们手里拿着饮料空罐、废报纸等各种垃圾下车，并将这些垃圾分好类后投进垃圾箱。

排队也是日本的一景。乘车排队、在公园里游乐排队、去餐馆吃饭排队、上厕所也排队。在大阪住宿的格兰维亚大饭店地处市中心，在地下购物和乘车的人十分繁多，饭店一楼的厕所也就常常排着长队(在日本，宾馆、饭店、写字楼等厕所都免费向社会开放)。到此"方便"的过路人只要看见厕所大门外有一人等候，就会跟随在后面排队，从里面出来一个再进去一个，那安静和耐心的样子很难看出来是急着上厕所的。在日本乘自动扶梯也排队，所有站在自动扶梯上的人都会不约而同地靠左边站立，留出右边的通道给那些在自动扶梯上还要行走的人。

在街上有一个有趣的景象是许多女孩提的手包都是没有拉链的。手机、钱包、照相机等一览无余地放在敞着口的包里。女孩们就拎着这样的包挤地

铁、逛街。与此相同的另一个景象是，在东京和大阪，地上地下都是鳞次栉比的小超市，里面的商品一直摆到了大门外，既没有工作人员看守，也没有防盗磁、防盗门之类的仪器把守，但据说失窃率也并不高。

4. 日本人的未来意识

在日本，同学们也会听到老一辈日本人批评现在的年轻人没有理想。到底什么是理想？我们不能说每一个日本青年都没有理想，但是大多数青年人没有具体的生活目标。很多年轻人停留在老一辈的成果上，没有考虑自己将来如何去奋斗。不管是哪个国家，现在的年轻人都比较自私，他们只考虑自己将来会怎样，能找到什么样的工作，而不考虑将来的社会会怎样，世界会怎样，像现在日本的政治选举，青年人很少会去投票。确实，现在日本青年的开放和现代感已经大大超出了中国人的想象。在东京街头，找一个黑头发的年轻人远要比找一个黄头发的年轻人困难得多。不论男女，几乎个个都染着黄头发。甚至还可以经常看到一些鼻孔、嘴唇上穿着环子的年轻人。

但这些并不意味着日本青年完全活在自我之中。日本有一支名叫青年海外协力队的队伍，日本政府定期在全国招募各行各业具有一技之长、志愿到海外艰苦、贫困地区从事无偿技术援助工作的青年。这些青年不拿工资，政府不给推荐工作，援助工作一般任期两年。截止到1999年底，日本已向中国派遣了369名海外协力队员，足迹遍及28个省、自治区、直辖市。坂本毅先生就曾经到中国从事这项事业。1991年，他到中国内蒙古的东胜煤矿的一所学校无偿教授日语，从条件优越的日本来到这个冬天滴水成冰、上厕所要去户外公厕、不能天天洗澡、每天都吃土豆羊肉的地方，坂本毅先生很不习惯。但是两年任期满后，坂本毅先生却选择了再延长一年，好把他已经教了高一、高二的学生再教到高三毕业。他说，在中国的三年，使他明白了有钱并不等于幸福，他从东胜人邻里之间富有人情味的相处，东胜人的乐观快乐感受到了最淳朴的幸福感。一个人，要抛弃优越的生活，去吃苦无偿地为他人做事，这是需要相当大的勇气和奉献精神的。

总之，日本的繁荣绝不是偶然的，我们在这个经济高度发达的社会背后看到了一种非常值得我们学习的东西，那是一种不需要我们任何物质投入、却要在精神上付出巨大努力的意识，而这种意识最终又能创造出无价的物质和精神财富。

世界を見よう **知识拓展**

随声附和语的种类

① 表示同感或肯定时

そうですね(是啊)、本当ですね(真的)、もちろん(当然)、よかったですね(太好了)そのとおりです(正是如此)、やっぱり(果然是这样)、なるほど(原来如此)等。

② 表示惊讶或疑问时

なぜ(为什么)、どうして(为什么)、本当ですか(真的吗)、何ですって(你说什么)、いつから(什么时候开始的)、そうでしょうか(是这样吗)等。

③ 表示否定或反对时

いいえ(不)、いいえ、違います(不，不是)、とんでもないことです(岂有此理)、そんなことはありません(没那么回事)等。

④ 引出话题来时

それから(然后呢)、それで(然后呢)、その後どうなったの(之后怎么样了)、どういう意味ですか(什么意思呢)、何とおっしゃいましたか(怎么说呢)等。

问题思考

同学们即将成为日企员工中的一员，都做了哪些准备了呢？请大家根据下表来确认一下自己的仪容仪表是否符合日企员工的要求吧。

チェック項目 (自查项目)	身だしなみのポイント(仪容仪表的自查关键)	男性	女性
頭髪	清潔に整っていますか？(整理得是否干净？)	Yes・No	Yes・No
	くしを通していますか？(能顺滑梳理吗？)	Yes・No	Yes・No
	勤務中は長い髪をまとめる工夫をしていますか？ (在工作中需要时间打理头发吗？)	Yes・No	Yes・No
	フケが浮いていませんか。(有头皮屑吗？)	Yes・No	Yes・No
頭	ヒゲは毎日剃っていますか？(每天都剃胡须吗？)	Yes・No	
	鼻毛が出ていませんか？(鼻毛是否出来了？)	Yes・No	Yes・No
耳	耳垢がたまっていませんか？(耳垢是否有很多？)	Yes・No	Yes・No
化粧	自然で健康的なメイクですか？(化妆是否化得自然而健康？)		Yes・No
	ノーメイクではありませんか？(是不是没化妆？)		Yes・No
服装	T．P.O を考えていますか？(是否考虑到时间和场合？)	Yes・No	Yes・No
	手入れをしていますか？(衣服熨烫过吗？)	Yes・No	Yes・No
	シワやほころびはありませんか？(有没有褶皱和破损的地方？)	Yes・No	Yes・No
	ズボンの折り目のプレスは充分ですか。(有明显熨烫过的裤线的痕迹吗？)	Yes・No	
	ボタンが取れかかっていませんか？(纽扣是否都有？)	Yes・No	Yes・No
	ネクタイがゆるんでいませんか？(领带有没有松开？)	Yes・No	
	襟や袖口が汚れていませんか？(衣领和袖口等有没有脏？)	Yes・No	Yes・No
	名札は定位置にまっすぐについていますか？(姓名卡一直在规定的位置上吗？)	Yes・No	Yes・No

続表

チエツク項目 (自查项目)	身だしなみのポイント(仪容仪表的自查关键)	男性	女性
ワイシヤツ	プレスは充分ですか? (有没有很好地熨烫过?)	Yes・No	
	襟や袖口が汚れていませんか? (衣领和袖口等有没有脏?)	Yes・No	
	第一ボタンをはずしていませんか? (最上面的纽扣有没有松开?)	Yes・No	
手	手、指先が汚れていませんか? (手、指尖干净吗?)	Yes・No	Yes・No
	爪は伸びすぎていませんか? (指甲是否过长?)	Yes・No	Yes・No
	マニキュアの色が派手すぎませんか? (指甲油颜色是否过于鲜艳?)		Yes・No
アクセサリー	仕事の邪魔になりませんか? (是否会影响到工作?)		Yes・No
	つけすぎていませんか? (佩戴得是否过于繁多?)		Yes・No
ストツキング	勤務中はナチユラルベージユを着用していますか? (工作中是否涂抹了符合唇色的口红?)		Yes・No
	ストツキングの予備を持っていますか? (是否有备用的长筒丝袜?)		Yes・No
靴下	毎日取り替えていますか? (每天都换吗?)	Yes・No	
	スーツの時はダークな色目を着用していますか? (穿套装的时候是否穿着深色的丝袜?)	Yes・No	
靴	汚れていませんか? (是否干净?)	Yes・No	Yes・No
	日常の手入れをよくしていますか。(日常经常清理吗?)	Yes・No	Yes・No

第二章　走进日本企业

任务一　职场中的敬语表达

导言　　职场中的敬语是日语敬语的一个重要组成部分。职场的范围很广，如公司、商场、餐厅、酒店等。本书所涉及的职场主要是指公司或企业。在日本公司内部，除了性别、年龄、学历以外，还存在着总经理、部门经理、科长、业务主管等，并且上下级之间存在着严格的等级制度。另外，公司的普通职员，即使年龄相同，也仍然存在着工作时间长短的差异。从公司外部来看，面对与之有业务往来的客户，使用敬语是理所当然的事情。正是这些交织在一起的、错综复杂的关系才使企业这一特殊领域中所使用的敬语形成了与众不同的特征。

本课任务

◎　职场中的敬语表达
◎　日企中敬语使用特点
◎　敬语的分类
◎　日企的常用敬语

知识讲解

一、日企中使用敬语的原因

在日企中使用敬语有以下一些原因：

(1) 敬语的使用能使员工自觉遵守上下级间的纪律，这是工作顺利进行的重要保障。

(2) 维护良好的人际关系，可以更好地面对公司内部错综复杂的人际关系。

(3) 可以对外树立公司的良好形象。在契约与利益社会中，日本人的敬语和敬语行为，是企业内部从业人员为了寻求与社会的结合而产生的。

二、日企中敬语的特点

日企中的敬语因其特殊的环境，体现出不同的特点：

1. 年龄优先

这是职场敬语中最主要的特色之一。虽说日本是一个论资排辈的社会，但在年龄和职位之间作选择的话，年龄似乎显得更为重要。

2. 敬语中存在着男女差异

仅次于年龄的就是男女差异的问题。敬语原本就是保守的、男尊女卑的产物。但此处所说的男女差异，并不是指男尊女卑，而是指在公司里，男性职员对女性职员都使用比较客气的郑重语。

3. 工作年限与终身雇佣制

在终身雇佣制的公司里，工作年限越长，在公司的地位和威望就越高。除了课长以外，工作年限长的老职员被视为主要的敬语使用对象。但现在情况已有所改变。一是经济的不景气，大多数公司已不再也不可能再实行终身雇佣制。二是人们价值观念的巨大变化，这种改变所导致的频繁的人员流动，也使公司敬语的使用受到一定程度的影响。

4. 公司内外有别

日本是一个以集团为中心的社会。这一点在职场敬语中也得到了充分的体现。说话者对所属集团之外的人要使用自谦语。这种情况下，不能使用尊敬语。使用自谦语的目的是为了压低自己的身份，抬高对方的身份，从而达到尊敬之意。另外，敬语的使用，除了向对方表示敬意外，还有一种是对陌生人的疏远。对公司以外的人和刚来公司的新职员，大家都会对他们使用敬语。但对自己熟悉的同事则使用比较随便的语言或称呼。

5. 服务行业敬语的引入

服务行业敬语原本是商场等第三产业为招揽顾客、讨顾客欢心而使用的敬语。

例如："每度ご来店くださいましてありがとうございます/感谢您光临本店""今日は休业させていただきます/今日停业"等。不知从何时起，这种本

不该在公司使用的敬语，也被用于与客户的交谈中。这大概又属于敬语乱用的情形吧。

三、敬语的分类

根据表达方式的不同，敬语可分成尊他敬语(尊敬语)、自谦敬语(自谦语)和礼貌敬语(郑重语)三种。因为对他人的尊重、自身的谦让以及表达上的郑重和客气，都是向他人表达敬意的方法。说话人向对方或第三者及他们的动作、行为表示尊敬时使用尊他敬语；说话人叙述自己或自己一方的人和事时用自谦敬语；说话人向对方郑重地、有礼貌地表述事物时用礼貌敬语。礼貌敬语包括礼貌表达，如"です、ます、ございます"和婉转表达，后者也称美化语，有些渐渐变成了一个独立词，如"お茶、ご飯"等。下面让我们一起学习这三种表达方式的详细用法吧。

尊敬语是对对方或者话题中出现的人物表示敬意的一种表达方式。除了"いらっしゃる、なさる、おっしゃる"等固有的敬语动词外，普通动词可通过敬语助动词"れる、られる"或敬语句型"お/ご……になる"、"お/ご……なさる"、"お/ご……くださる"直接构成尊敬语的表达方式。名词、形容词和形容动词也可通过敬语句型"お/ご……です"来表达对对方或话题中出现的人物的敬意。

自谦语是一种以自谦的态度叙述自己或自己一方人行为的方式来间接地向对方表示敬意的表达方式。除了"まいる、いただく"等固有的自谦动词外，普通动词通常是以自谦句型"お……する"、"お……いたす"、"お/ご……申し上げる"、"お/ご……いただく"的方式谦逊地叙述自己或自己一方人的行为，间接地向对方表示敬意。

郑重语也叫礼貌语，是通过对话题中的事物内容和语句的尾部进行郑重的表述来表示说话人郑重其事的谈话，并直接表示对听话人的敬意。使用郑重语可以保持相互敬重的主客距离，因此它可以使语言表述更委婉。主要通过郑重动词"ござる、おる、参る、いたす"和"です、ます"来表现。

下面，同学们根据敬语表达的最低级别到最高级别的具体例子来理解一下敬语的表达吧。

- 花だ → 花です → 花でございます
- 準備する → 準備します → 準備いたします
- 中にある → 中にあります → 中にございます
- 電車で行く → 電車で行きます → 電車で参ります

● 三時に来る → 三時に来ます → 三時にいらっしゃいます
● これを借りる → これを借ります → これを拝借します
● いや、違います→いえ、ちがいます→いいえ、違います

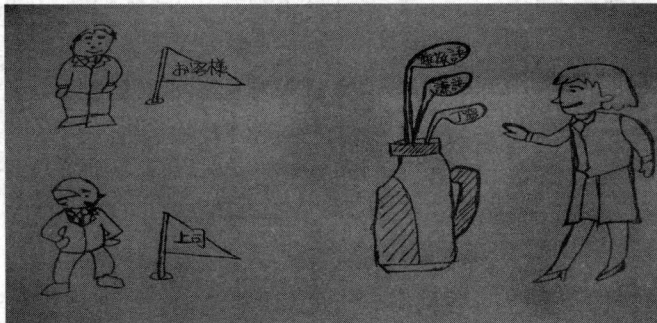

图 2-1

从上面的例子中，大家不难发现，同样的说法第三种说法是最为礼貌的说法。

日语的敬语具有一定规律性，已经形成了一个完整的体系。即使对日本人来说，能准确恰当地使用敬语，都不是一件易事。据说刚刚步入社会的日本毕业生往往要经过多次实践，才能正确运用敬语。

四、常用的敬语动词

为了让同学们理解并掌握敬语的用法，现将常用的职场敬语归纳如下：

丁寧語	尊敬語	謙譲語
いきますか / 行きます	いらっしゃいますか	まいります
来ましたか / 来ます	来られましたか	伺います(うかがいます)
しますか / します	なさいますか	いたします
言いましたか / 言います	おっしゃいましたか	申します(もうします)
見ましたか / 見ました	ごらんになりましたか	拝見しました
ききましたか / ききました	お聞きになりましたか	拝聴しました
いますか / います	いらっしゃいますか	おります
くれる / あげます	くださる	
食べましたか / 食べました	めしあがりましたか	いただきました

大家都说日语的敬语很难，这是因为敬语是根据场合和时间的不同而变化

的。例如：对公司领导使用的语句表达也会因场合的不同而发生变化。

「鈴木課長は、ただいま外出中です。」

对公司内部的人时……………………「鈴木課長はただいま外出中です。」

对公司外部的人时……………………「課長の鈴木は席をはずしております。」

对铃木课长的家里人时…………「鈴木課長は外出しております。」

图 2-2

在实际工作中，有人经常会弄错一些敬语的表达方式，下面给同学们总结一下，希望会对同学们的学习有所帮助。

1. 尊敬语和自谦语的错误使用

✕「お客様が<u>申された</u>」⇒　〇「お客様が<u>おっしゃった</u>」

2. 双重敬语的错误使用

✕「お客様がお見えになられました」⇒　〇「お客様がお見えになりました」

3. 敬语过多使用

✕「お客様がお品物のご注文をと、お伝票をお持ちになられました」⇒
〇「お客様が品物の注文をと、伝票をお持ちになりました。」

4. 外来语前不加"お"

✕おビール　　おコーヒー

五、职场中对人或物的敬语表达

作为刚进入日企职场的同学们来说，如果弄错对方的称呼，不仅会很尴尬，而且会影响到自己在职场中的人际关系。所以我们必须区分对人的称呼，在进入职场前牢牢记住在怎样的场合该如何正确使用。

"ぼく"作为第一人称被经常用于口语中，但是如果在职场中使用就是一种错误的用法。因为"ぼく"原则上只能对同辈或者比自己身份低(下属、年

龄低)的人使用。如果对上司或是年长者使用的话，就必须用"私"。而且，即使部长或重要职位的人对公司职员说"ぼく"，公司职员也不能对上司使用"ぼく"，否则就会被对方误解，造成不必要的麻烦。在职场中，如果是面对上司，直接用对方的职位名称进行称呼；如果是没有职位的前辈，直接在名字的后面加"さん"就可以了。为了省去不必要的麻烦，现给同学们总结了一下职场中对人称呼的具体用法。

职场中的人物	日语礼貌说法
对职场中的前辈、同事、后辈时	○○さん
对公司内部的上司时	○○課長／○○部長
说自己时	わたし／わたくし
说自己公司时	わたくしども
对客人说自己公司内部的人时	わたくしどもの者／営業の者／山本は
对团队的客人时	皆様／○○会社の方々
对男性时	男の方／殿方
对女性时	女の方／ご婦人
对老人时	ご年配の方
问对方工作单位时	お勤め先
问对方家庭住址时	お所／お住まい
不确定对方是谁时	どなた様
称呼客人的公司名称时	○○会社さん
说客人的同行者时	お連れ様／ご同行の方
说对方的家里人时	ご家族の皆様／ご一同様

图 2-3

任务二　了　解　日　企

导言　经济全球化的发展使越来越多的日企把中国市场视为必争之地，而大部分民企也日益重视对本土人才的培养，又为很多人进入日企工作带来了机会。但是，在外资企业中不可避免地发生不同价值观和不同理念的冲突与碰撞。日本企业可以用一种规格来统一在本国和在中国的企业生产出来的产品，制订统一的操作规程。但是，企业较难用一种价值观来统一整个集团员工的行为。为了尽早融入日本企业，首先应该了解日企的特点和用人理念，学习日企中的职业精神，做一名高素质的劳动者。

本课任务

◎ 学习了解日企的特色
◎ 掌握日企的 5S 内容
◎ 了解日企的用人理念
◎ 学习日企的职业精神

知识讲解

一、日本企业的特色

日企风格受典型日本文化的影响，表现为温和、喜欢合作、细致。日本是民族单一的国家，因而这种重视集体力量、发挥集体智慧的思想就更浓厚。日本企业文化的主要特点为和魂洋才、家族主义、以人为中心。在日本，企业文化的表现形式是多种多样的，如"社风"、"社训"、"组织风土"、"经营原则"等。终身雇佣制、年功序列制、公司内工会都是日本企业所具有的特色。

日本企业推行"以人为中心"的管理模式，其报酬制度是建立在特殊的劳动人事制度基础之上的，这种制度就是终身雇佣制和年功序列制。

1. 终身雇用制度

终身雇用制度指的是员工一旦进入企业，就一直工作到退休。企业实行终身雇用制，员工在企业工作有安全感，不需要考虑失业等让人烦恼的事，员工需要想的只是如何积极工作。员工与企业之间形成了一种"一损俱损，一荣俱荣"的共同利益关系。

企业实行终身雇用制，可以不必顾虑员工接受培训后跳槽等，进而放心大胆地培养员工。通过不断的轮岗培训，员工能大量地学习到公司大部分岗位的操作技能和管理知识，提高工作效率和产品质量，增长经济效益。日本企业的培训制度为日本经济的高速发展做出了很大的贡献。

2. 日企的年功序列制度

日企的年功序列制度有两大特点：① 重视资历，以职工年龄、在本企业的工龄和学历等作为决定基本工资的主要因素。② 生活保障的色彩浓厚，从报酬构成的比重看，保障职工及其家属生活需要的部分约占 65%，勉励职工发挥积极性的能力工资占 25%，其余 10% 是地区补贴。

日本企业也十分重视逐步提高职工的福利待遇。日本应届毕业生作为新员工进入企业后，在相当长的一段时期内(5～10 年)工资待遇按照资历逐年平稳上升，不产生明显的个人差异。在以后的职业生涯中，工资待遇也是随着工龄增加而持续上升。日本企业为了充分发挥企业全体职工的积极性和创造性从而增强企业的活力，还设立了多种类型的奖励。如合理化建议奖，对提出建议者，只要建议被采用，即视其创利润多少或社会效益情况给予奖励。此外，还有新技术新产品开发奖、质量奖、发明奖、技术革新奖等等。

日本企业还很重视做职工的思想工作，他们善于将物质奖励和精神奖励有机地结合起来，以达到调动公司全员的积极性，充分发挥员工聪明才智的目的。

3. 企业内工会

企业内工会指的是按特定企业成立的工会制度。由于日本一般都采用终身雇佣制，所以管理者年轻时为该工会会员是极其普遍的现象。这样，经营管理者很少与工会成员发生对立冲突。在这种谋求企业发展的劳资协调路线的指导下，劳资关系圆满妥善地得到解决，因而受到各界的好评。

另外，日企的集体活动多，如定期培训、业务学习、语言学习、公司旅游、下班之后的聚餐等，这样可以增进相互了解，联络感情。工作时间外的集体活动，在日企被看成是工作的延续。

不给别人添麻烦、在乎他人的看法、方便他人、顾全他人的面子(不问工资、年龄、婚否、学历、出身等等)，集团内和谐优先等是日本人的思维方式。这些对于习惯于从自己立场出发考虑问题的个人主义者，是很难学会的。

而且日本人会经常表示歉意，常用"对不起"(すみません)，他们能够虚心接受别人的意见，及时调整自己的行动。

二、日企 5S 的内容(整理、整顿、清掃、清潔、質素)

1. 通道、地面、墙壁、天花板、窗户

(1) 通道上无箱子、自行车、物品；

(2) 办公家具、电器背面无多余物品、无灰尘；

(3) 灭火器、消防栓前无摆放物品；

(4) 配线齐整；

(5) 告示板上无过期告示；

(6) 无蚂蚁和虫类；

(7) 时钟准确；

(8) 门关好；

(9) 窗户清洁。

2. 空调、饮水机、冰箱

(1) 仔细清洁并进行整理；

(2) 每次清洁整理有记录。

3. 文件柜、更衣柜、工程架、工作台

(1) 标明管理部门及管理者；

(2) 所有文件在标签纸上进行内容标注；

(3) 所有物品的品名进行标示，整齐排放；

(4) 柜子及顶板上无灰尘；

(5) 个人柜子里无多余物品。

4. 消耗品

(1) 放在规定场所；

(2) 库存数量适宜；

(3) 标示内容；

(4) 在有效期内。

5. 规定

(1) 工作服、帽子、鞋子等穿戴正确、整洁；

(2) 员工卡佩戴正确；

(3) 不交头接耳；

(4) 不打私人电话；

(5) 不打瞌睡。

图 2-4　学生在企业的实训

图 2-5　企业的食堂

三、日企的用人理念和职业精神

1. 日企最青睐的人才

(1) 应届生

日企更喜欢应届生，看重学生的基本素质。这种素质包括学习能力、自控能力、协调能力等。一旦进入日企，企业会系统培训学生的技能。每年的 2、3、4 月是日资企业集中招收毕业生的旺季。和其他企业不同，日企的一大特点是欢迎应届大学生加入。

大连某日文信息处理公司的人事经理介绍，公司每年都会去学校直接招聘应届生，中专、大专、本科学历都有，只要对方的基础知识到位，同时接受能力强一些，基本就符合要求。

这和日企特殊管理方式是分不开的。日企一般不喜欢那些有工作经验的人，刚走出校门的大学生更容易培养，也容易管理。一位日企的 IIR 曾说过：日企不接受有过欧美企业经验的人，原因是他们"很不好带，融不进日企的文化"。讲求纪律性和论资排辈的日企，需要每个员工遵从企业的

图 2-6

规则，在这一点上，刚毕业的大学生更适合。

日企乐于招收大量大学生的原因还在于他们习惯自己培养人才，而不是随意挖人。因此，没有工作经验的大学生一般会先在企业的底层做起，慢慢积累经验，一般男生的方向多是销售助理一类，而女生则偏向行政。在一些技术生产型行业中，日企还会招收一些技术专业的学生，如建筑设计、结构设计等专业。日企的这种思维，使得很多只要具备一定日语能力的应届生很容易在日企找到工作。

(2) 精通英日语者。

日企对非技术类人才的日语水平很重视，一般要求 2 级以上。但是，在欧美化严重的日企，工作语言大多数是英语，只有在和总部进行联络时才经常使用日语。

(3) 懂得日本人心理者。

有一定分析和反应能力，懂得日本人心理，做事恰到好处，这是日企真正想要的人。而能够如此到位的人才，并非仅仅是日语流利那么简单。一些在日本生活过的人往往会在日企里十分吃香，这正是因为他们掌握了日本人做事的规矩，而日本老板也更喜欢公司里有这样的员工。

2. 日企文化规则

日企评价员工的首要标准是对企业的忠诚度；其次，要在一家企业中长期发展，稳居中游是最优策略；用人不疑，疑人不用；不率先创新，但是要把细节做到极致；女性依然难以受到重用等。所以日资企业用人的理念是低调、中庸、勤奋、细致、有业绩、有资历。

(1) 低调。个性张扬者早在入职阶段就已经被挡在门外，但难免还有靠伪装过关的漏网之鱼。在低声谈话、面带微笑的日企办公环境中，高谈阔论或雷厉风行，都是不能为众人所接受的。

(2) 中庸。欧美人主张个性竞争，而日企则更喜欢五个手指一样长。"木秀于林风必摧之"，也正因大家深谙这个道理，在日企深藏不露的人很多，盲目暴露实力者，在竞争中就会过早出局。

(3) 勤奋。典型的日企作息是 9 点准时到岗，下午在领导下班之前，谁都不敢先走。不论工作到多晚，次日照样按制度考勤。中国员工极其不满免费加班，因为同级的欧美大型外企加班费相当可观。当然，主动加班的员工更讨喜，这无论在何种性质的公司都一样。

(4) 细致。日企领导会通过一双白色线袜或一件花哨衬衫，而否定你整个人。"细节决定成败"的观念被带入到工作中，小到一个表情，一句话，甚至递物没用双手，都会毁掉前程。相反，养成细致的习惯，保持长期不出错，是

升职必需的条件。

（5）有业绩。效率时代，业绩为王。没有业绩万万不能，但有业绩也并非万能，做事与做人还得双管齐下。必要时还得降低效率，让上司居功为先。

（6）有资历。虽然按资排辈的时代已经过去，但它的影响力犹存。资历毕竟还在一定程度上代表着经验，和为企业做出过的贡献。

世界を見よう　**知识拓展**

日企不录用人员的理由：

1. 話に一貫性がない

このような学生は、自分の考えがありません。就職活動対策本などから聞きかじった内容を一見うまく話しているようで、実はよく理解していないため、それぞれの話に一貫性がでてこないのです。エントリーシートと面接での話などに食い違いがあれば、その話自体が事実でない可能性があります。その場しのぎで、何も考えていないような学生は NG です。

2. 口先ばかりで行動が伴わない人

頭だけはよい評論家タイプや、理想は立派で考えがしっかりしていても、自分自身がそれに向かった行動をしない人、人まかせで自分自身は何も行動しない人もいます。そういう人を見抜くために、過去の経験について「その時どうしましたか？」と実際のエピソードを聞いてみて下さい。何も答えが出ない場合は、口先だけの可能性があります。

3. 口先ばかりで行動が伴わない人

頭だけはよい評論家タイプや、理想は立派で考えがしっかりしていても、自分自身がそれに向かった行動をしない人、人まかせで自分自身は何も行動しない人もいます。そういう人を見抜くために、過去の経験について「その時どうしましたか？」と実際のエピソードを聞いてみて下さい。何も答えが出ない場合は、口先だけの可能性があります。

4. うしろ向きな学生

ネガティブ思考の学生は、自分の成長や前進を止めてしまうだけではなく、他の人の足をひっぱります。思考を変えるのは大変なので採用し

てしまうとかなりの苦労をすることになります。

问题思考

一、简答

1．日企的特点有哪些？

2．列举日企用人的标准和用人理念。

二、敬语在职场语言表达中起着举足轻重的作用。同学们学习了这么多，一定也想试试自己是否能学以致用吧。那么就挑战一下吧！

1．对客人说时

(1) 何の用ですか。

(2) 営業課の中山課長に会いたいですが、いますか。

(3) こっちに名前と住所をお書きしてください。

(4) 今、課長はお席にいらっいません。どうしたされますか。

(5) 担当者を呼んできますので、ここでちょっとお待ちしてください。

(6) 明日のパーティーには、誰が参られますか。

(7) A社からは、田中次長がおいでになられるそうです。

参考答案：

(1) どのようなご用件でしょうか。

(2) 課長の中山様にお目にかかりたいのですか、いらっしゃいますか。

(3) こちらにお名前とご住所をご記入くださいませ。

(4) ただいま課長は席をはずしております。いかがいたしましょうか。

(5) 担当の者を呼んで参りますので、こちらで少々お待ちいただけますか。

(6) 明日のパーティーには、どなたがいらっしゃいますか。

(7) A社様(さん)からは、次長の田中様がおいでになるそうです。

2．对公司内部人说时

(1) 山田さん、午後からどこへいくんですか。

(2) 課長の言ったとおりにしました。

(3) 主任、食事に参りませんか。

(4) 阿部さん、課長が呼んでいます。

(5) 課長に来るようにと、部長さんがおっしゃられています。

(6) 課長さん、先日の書類拝見されましたか。

参考答案：

(1) 山田さん、午後からどちらへいかれますか？

(2) 課長のおっしゃったとおりにいたしました。

(3) 主任、食事に行かれませんか？

(4) 阿部さん、課長がお呼びです。

(5) 課長にいらっしゃるようにと、部長がおっしゃっています。

(6) 課長、先日の書類ご覧になりましたか。

任务三　观念转变

导言　　随着毕业的临近，如何确定自己的就业目标、人生目标？如何实现自己的职业定位？需要了解日资企业的工作流程、内部机制的管理，掌握企业的管理机制、特点、用人的标准等，都摆在了即将毕业的学生的前面。由于中职学生对社会了解很少，因此学校可以在学生就业前进行有效指导。帮助学生了解自己、了解社会，培养学生具有职业意识与向往，使学生初步树立正确的升学观、职业观、就业观。学会选择符合社会需要及其身心特点的职业或专业方向，正确处理国家、社会需要和个人意愿之间的关系，培养学生适应未来社会发展所需要的良好的心理素质，这都有助于学生适应从校园到社会、从学生到独立工作者的身份转变。

本课任务

◎　自我职业定位

◎　从简单的事做起

◎　工作心态的转变

◎　善待工作，感恩企业

一、自我定位

学生对待就业，往往有一个意识的误区。他们不能正确认识自身的价值，眼高手低，这就导致学生失去一些就业机会。所以学生要分析当前市场形势、社会发展走向，摆正自己的位置，合理看待就业机会。在以前"分配工作"的影响下，有些学生仍不能体会到就业的紧迫感和压力感，因此在教师的正确指导下，中职生应从根本上转变思想，清楚地看到当今社会就业难的现状。当然也不能过分紧张，出现消极对待就业的错误认识，失去就业的积极性。我们要学会适应"动态"就业，这样既有利于人员的合理流动，又利于个人的自我选择、自我调整，还有利于各项事业的发展。在就业思路和视野上由封闭型向开放型转变，把就业的思路和视野由公有制企业、事业、机关扩展到各种非公有制企业，甚至个体。要树立"先就业，后择业"的就业理念，对就业单位、岗位的选择要有度，应适当降低择业的期望值。

图 2-7

首先解决自身的生存问题，以满足一个主要条件为主，其余不可过分强求。要从自己的素质、能力、学历等实际条件出发，找准适合自己的岗位。在工作一段时间或若干年后，随着知识的更新、能力的提高、经验的积累，加上新兴产业的形成、技术的不断更新、服务的不断延伸等因素，会创造出大批新的就业岗位。到时再根据自己的实际情况和发展方向，重新选择新的就业单位和岗位。

近来，出现了这样的现象：在毕业生专场招聘会上，70%以上大学毕业生进场不到一个小时，几十份简历就投掷一空。一些知名企业在接到大批简历后，挑选合适人才的工作尤为繁杂。这种现象的产生是由多种原因导致的，其中包括就业压力的日益增大等客观原因。而主观原因则是一部分毕业生甚至是比较优秀的毕业生没有对自己进行明确的职业定位，从而导致在求职过程中的盲目性与不可预期性。

相关调查显示，当前的就业压力促使毕业生就业心态迫切，九成毕业生准备一毕业即就业。即使在这样的压力之下也很少有人真正认真对自己进行职业

生涯规划，认真考虑职业定位问题的更少之又少。令人十分担忧的是，许多毕业生把求职的重点放在一些表面文章上，那些日益精致昂贵的简历就是典型的例子。除此之外，在应聘时暴露出的问题就更多了。很多毕业生的择业标准是笼统的，仅仅停留在想进大公司这样的念头上，而当被问及自己是否适合在那些公司发展时却无法给出明确的答案。这样基础的问题都没有考虑清楚，深层次的问题可能更无从答起了。

> 职业定位，就是清晰地确定一个人在职业上的发展方向，它是人在整个职业发展历程中的战略性问题也是根本性问题。具体而言，从长远上看是找准一个人的职业类别，就阶段性而言是明确所处阶段对应的行业和职能，就是说在职场中自己应该处于什么样的位置。
>
> 摘自《中国职业规划师(CCDM)认证培训教材》，P12

职业定位是走向成功的辅助手段，它的目的就是为自己建立目标、树立信心，而能否成功完全取决于个人的努力。有一位先哲说："人生的路很长，但关键处只有几步。"这几步就是：学业、职业、婚姻。这是人生的三大关键点，又称"人生三择"。如果选择正确，则人生的发展将相对顺利。一旦选择出错，将要付出惨痛的代价。其中，职业的选择对人生的影响非常大。虽然有了学业做背景，但职业没选好一样很难成为成功者，在浩浩荡荡的失业人军中，不乏有许多学

图 2-8

业有成者，但却因为职业选择有误，导致其优势无法施展，反而缺陷暴露无遗，"齐家治国平天下"的抱负根本无从谈起。古人云："骏马能历险，耕田不如牛。坚车能载重，渡河不如舟。舍长以就短，智者难为谋。"人才各有所长，应人尽其才，才尽其用。可是在不允许个人选择的年代，个人择业无从谈起。所以，有自主择业权的现代人，在择业的路口，千万要仔细斟酌。盲目跳槽，成功的概率不会太大。一个一生中总是从事自己具有优势且衷心热爱的职业的人，与一个一生中总是被动地不得不去从事自己无法施展优势的职业的人相比，在内心世界中，前者在天堂，后者在地狱，其处境有天壤之别。人的一生

中，真正能选中"舍我其谁"的职业，才能真正体现人生价值，也才会有成功的基础。

二、掌握职业定位的原则

1．实事求是

"这山望着那山高"是职业定位的大忌。客观的自我认识和自我评价是制定个人职业计划的前提。职业定位应以个人发展为目标，应符合自己的兴趣、特长，与个人的知识、能力相符。除此之外，职业定位还需考虑客观环境因素。比如，在一个论资排辈的企业里，承担重要的管理工作就不宜作为刚毕业大学生的短期职业目标。

2．个人发展目标与企业目标统一

职业定位是自我定位和企业定位、社会定位三者的统一。个人借助企业的机会和资源，实现自己的职业目标。其职业计划必须在为企业目标奋斗的过程中实现。离开企业的目标，便没有个人的职业发展，更难以在企业立足。因此，个人在制定自己的计划时，要与企业目标协调一致。

3．立足点原则

冯谖为孟尝君干得第一件好事就是在常人看来愚蠢之极的"千金买义"。他"愚蠢"是因为他放弃了诸多眼前的金钱利益，而着眼于长远的战略利益。这个方法是在能力有限、无法一次性解决所有问题时最有效的办法。影响事物发展变化的因素虽然很多，但在不同的阶段却总有一些主导因素。在处理问题的时候，可以集中有限的力量，以主导因素作为立足点解决。

比如，我们为自己订立了一个目标：十年后，要自己开公司，做老板。那我们就要一步一步去做，首先成为公司的主管、总经理，积累相当的经验和资金，为自己的目标做好铺垫。这样我们才能够很容易地看到成果，激励自己由一个胜利走向下一个胜利，直到实现最终的目标。立足点原则对人生的职业生涯有着积极的影响。当一个人面临进退两难的尴尬境地时，立足点原则可以为之提供指导。举例来说，当有人想创业缺乏信心，给人打工又不甘心的时候，立足点原则可以给出一个明确的答案。只有实施立足点战略，为自己订立目标并按目标走下去，才能笑对失败，渡过难关。

4．生存原则

从客观上讲，任何人的职业生涯都要在一定的物质条件范围内进行，在此之外寻求奇迹可能是徒劳无功的。每个人都要依据个人生活的现实物质条件来发展自己，这就是生存原则。根据生存原则，人的发展的必然性与生存的必然

性并不矛盾，而且在一定意义上来说表达的是同样的意思，即：生存是发展的前提，是第一位的；而发展是在生存基础之上的，是第二位的。这个道理并不深奥，很多事实都可以证明，但是在实际生活中有许多人却因为不懂得这个道理错失良机，抱憾终身。他们不能清楚地看待生存与发展的关系，不是太重视生存而忽视了发展，就是为一时发展放弃了生存，这两种情况都是要不得的。

没有计划的工作是空洞

设有措施的管理是空谈

图 2-9

大量的事实表明，判断职业人生决策正确与否的尺度是生存的积累和对职业成长的帮助。这就要求我们随时对自己进行评估、反省和定位，以便做出正确的选择。

(1) 首先是对职业成长的判断，即是否胜任目前的工作。如不胜任，需要在哪些方面进行改进，以便在将来做得更好；如果胜任，进一步考虑是否还有发展的空间，要对即将去做的工作做深一步的分析，在不同的情况下做出不同的选择，不能一概而论。另一种检验方式就是：试想在极其恶劣的情况下，单凭自己的工作能力能否让自己生存并且有所发展。经过这样的测试，就可以清楚地知道自己的能力、工作的意义及其对整个职业生涯的影响。

(2) 生存积累判断。即是否具备了随时开始职业发展的基础。如果把人生职业的发展比喻成一次旅行，那么在城市间的移动就可以很好地诠释职业人生。启动时在一个城市，但在心中有一个目标城市。如果相隔较远，那么一下子到达是不现实的，因为事情的发展是长期性与阶段性的统一。好高骛远和速战速决的想法都会直接导致旅途的失败。但是，如果采取另外一种方式——步步逼近，结果就大不相同了。生存和发展之间的矛盾是每个人在人生中比较常见的矛盾，能否正确处理好这一矛盾关系到人生职业的发展。

5. 藐视原则

通过藐视原则，将为我们揭示解决困难特别是巨大的困难的有效方法。它

由三部分组成：

第一，战略上藐视困难。没有什么问题是解决不了的，这一点毋庸置疑。

第二，在战术上重视困难。

第三，重视实践的作用。古人常说，千里之行，始于足下。也就是说无论解决什么样的难题，最终都要落实到实际行动上。知识再丰富，方法再科学，如果没有切实的行动，问题是不会得到解决的。藐视困难不是目空一切，那是盲目和愚蠢的。藐视是为了解决问题，藐视要从重视开始。在面对实际困难时要把战略上的藐视和战术上的重视很好地结合起来，并注重细节，问题的解决就容易多了。

6. 集中力量原则

集中力量原则是教会人由平凡变为不平凡的重要法则。龟兔赛跑就是一个典型的例子，骄傲的兔子，三心二意，对乌龟不以为然，掉以轻心；而乌龟却是集中其所有的力量跑步，虽然客观条件可能差点，但最后的胜利是毋庸置疑的。职业发展也是一样，我们要选择一个最容易实现的目标，集中几倍的力量去实现它，这是需要精心选择的，保证其初战必胜。而不要把有限的力量分散到许多事情上，这样只会适得其反，最终什么也无法得到。或者吝啬地配置力量，希望以少胜多，以较小的代价去解决问题。虽然这在战略上是可行的、科学的，但是在战术上，却是错误的。当然，我们也不是说每次都要无限制地集中所有力量，这是不科学的，也是一种浪费。集中力量的主要原则是相对集中，这是根据需要解决的问题来确定的。人的生命和精力毕竟是有限的，一定要经常告诫自己不要做消耗式的职业人生定位。不能朝三暮四，也不能半途而废，因为反复多了，时间就会无情地溜走。

7. 合作性原则

合作性原则主要表现在已经选择好职业后，在开展工作的过程中。也就是说，与其他员工的合作精神。当今社会，随着分工越来越细，很多工作单靠个人的力量是无法完成的，要把工作做到最好，就离不开同事间的协调合作。合作性原则有利于个人职业目标的快速实现。

总的来说，这几个原则需要综合起来看待。有长远的持久原则，就能看清当前的问题；对于任何问题，我们都需要从战略的高度藐视，但是却要从局部重视；接着是解决问题，解决问题要从一个个具体的问题开始，一个接一个地解决，像立足点一样，逐渐改变。而集中力量原则，正是保障具体问题解决的效果。这样，从战略到战术、从一个点到另一个点、从集中到分散、有原则又灵活地解决人生职业生涯中的所有问题，由自己创造未来。

世界を見よう

知识拓展

一、员工应具备的基本素质

公司对员工的标准要求是：德为先，才必备，自强不息，健康心态，激情工作，制度为先，企业第一。一个人做一件事，需要具备三个方面：知识、态度和技能。知道不知道这件事，是知识水平问题；会不会做和怎样做，是技能问题；而一个人是不是愿意去做，能不能积极主动去做，就是态度问题。知道应该做，也知道怎样做而不去做，事情就不可能做好。

态度比能力更重要

图 2-10

但一个人如果有了良好的态度，他可以从不知到知，从知之甚少到知之甚多，从做不好到做好。这中间态度属于思想素质，知识和技能属于业务素质。

作为企业的一员，所需具备的思想素质应该包括以下几点：

1. 敬业

所有的组织，无论是企业、公司、学校还是政府机关，都在寻找一类员工，这就是对组织、团队、工作能够尽责尽职、热情饱满、自动自发的员工。这类员工，能够把身心彻底融入组织，处处为组织着想，在组织陷入困境时能竭尽全力为其解难，在组织事业蒸蒸日上时能够为其送出最真诚的祝福。因此，敬业的员工能够获得老板的信任，也常被委以重任，从而为自己赢得更为广阔的发展平台。敬业包括：① 敬业，这是职业精神的灵魂；② 责任，这是敬业精神的内核；③ 自动自发，这是敬业精神的真谛。

2. 忠诚

在这个世界上，并不缺乏有能力的人，那种既有能力又忠诚的人，才是每个企业都渴求的理想人才。人们宁愿信任一个虽然能力差一些却足够忠诚敬业的人，而不愿重用一个朝三暮四，视忠诚于无物的人。那些忠诚于公司、忠诚于老板的员工，是企业发展的巨大动力源泉。同时，员工忠诚的品质也会给自

己带来不可估量的收益。

3．守信

首先人应以信为本。不能做有损企业利益的事情，中国有"勿以善小而不为，勿以恶小而为之"的古训，在企业中更应该有此觉悟。其次，应做企业的主人，争取主动性。在工作中不能做一个等人吩咐的人，而应该充满热情、积极主动。再者，具有良好的团队精神，并能客观、直截了当地沟通。俗话说"独木不成林"，任何一个企业想做大、做强，它必定有一个很优秀的团队，并且团队的人都能当面进行客观的沟通，对问题提出合理化建议，而不是当面不说，背后乱说。

4．服从

服从是员工职业精神的精髓。每一位员工都必须服从上级的安排，就如同每一个军人都必须服从上级的指挥一样，无条件接受领导命令，认同企业的文化和制度。服从是行动的第一步。大到一个国家，小到一个企业、部门，其成败很大程度上就取决于是否完美地贯彻了服从的观念。严守纪律是服从的基础。

二、从简单的事做起

成功，就是将简单的事情重复地做。"一旦你产生了一个简单而坚定的想法，只要你不停地重复它，终会使之变成现实。"

很多人渴望证实自己的优秀，但却总是停留在梦想阶段，而不是从简单的小事做起，从而失去了很多展示自己价值的机会和走向成功的契机。而真正优秀的人，却把更多的时间用在了实际行动上。

过去，人们学手艺、学生意，都有一项不成文的规定，至少要 3 年才能出徒，而且一开始都是从打杂的工作做起。没有人喜欢做打杂的工作，而师傅之所以规定学徒工从扫地、擦桌子等简单小事做起，其用意在于磨掉新人的傲气和散漫，培养他们的自律精神。

现在的年轻人开始工作时，当然不必再受这种"土罪"，可是，他们仍会经历一段或长或短的做小事的"蘑菇"期。在那段时间里，年轻人就像蘑菇一样被置于阴暗的角落(在不受重视的部门，做着打杂跑腿的工作)，时常有"大粪"临头(无端的批评、指责、代人受过)，处于"自生自灭"的状态(得不到必

要的指导和提携)。

一个团队一条心
一个目标一个梦

A team of one mind,
One goal of a dream.

TEAM

图 2-11

对于处于这个时期的年轻人来说，与其藐视自己的工作，仇视公司的老板，抱怨命运的不公，不如充分利用现有的环境，磨炼自己的意志，养成重视小事的严谨工作作风，为自己的未来做好各方面的准备。

其实，现代大企业的组织结构是很完善的，公司的大部分业务都是前人开拓好的。对于公司中的大部分员工来说，不再有一个人兼顾几个方面工作的机会，要做好手中的工作，需要的往往不是灵感和创意，更多的是要兢兢业业、有条不紊、持续反复地做被细分并被规范好了的某一部分工作，即重复地做一些琐碎的、繁杂的、细小的事务。虽然这些事做成了、做好了，并不一定能立即见到什么个人成就，但是一旦做不好、做坏了，却会使其他人的工作受连累，甚至把整个公司的大事给耽误了。

大企业常常是用组织、制度或文化来实现目标的。通过一套组织、程序来约束越轨行为，或者用义化(比如客户第一)内在地改变行动观念。这样一来，在大多数情况下，实现绩效的过程就是一种紧盯目标的简单重复过程。

每天面对的都是相同的工作，平凡而又简单，难免会觉得单调而又枯燥。但是，把每一件简单的事做好就是不简单，把平凡的事一千遍、一万遍地做好就是不平凡。评价 个人能力的强与弱，不能仅以一次举起 200 片的杠铃来衡量，如果下定决心，很多人都可以做到。但是，要将一件简单的事坚持不懈、始终如一地做好就不易了！比如拿一根绣花针，没有人办不到，但是如果要求你以一个姿势拿着，走上几公里或者保持几个小时，有几个人可以做到？所以，不管是对于公司，还是个人，最重要的是将重复的、简单的日常工作做精细、做专业，并恒久地坚持下去，做到位、做扎实。

最优秀的人是想方设法完成任务、不达目的誓不罢休的人，最优秀的人是"为了一个简单而坚定的想法，不断地重复，最终使之成为现实"的人。而那些整日将意志、信念挂在嘴边的人，往往只会纸上谈兵，他们不敢面对残酷的现实，他们在逆境中退缩，他们谨小慎微而游移不定。毫无疑问，这样的人，永远不会取得成功——他们连获取成功所需要的最基本的健康心态都不具备！

成功，就是将简单的事情重复地做。"一旦你产生了一个简单而坚定的想法，只要你不停地重复它，终会使之变成现实"。有些人认为成大事的人不应该做小事。殊不知很多的大事都是从身边的小事做起的。践行重要小事，成就未来功业，老子说过："天下大事，必作于细。"细，即小也。成大业若烹小鲜，做大事必重小事。没有人生下来就是做大事的，必是经过无数小事的磨炼和积累，才有了成就大事的机会和能力。也就是说，小事是成就大事不可缺少的基础。当然，小事很多，工作中的每一件小事我们都应该认真做好，在这之外，还有一些值得我们去做到、做好的小事，这些小事对我们的人生将产生重要的影响。

图 2-12

智商和情商都很高的人，或许可以直接去做大事。但那些不太聪明的人，不妨像阿甘那样把每一件简单的小事做到不简单。最没出息的往往是那些自以为聪明，眼高手低，找工作高不成低不就的人。

有人这样评价道，"再大的事业也是从小做起，小的事情容易把握。如果你能将小事情理出清晰的脉络，挖出其中闪光的地方，把它做得有声有色，那你根本不用担心能否把它做大。做大只是时间的问题，只是乘法里面的系数问题"；"谁都能做好一件简单的事情，但不一定能做成大事情；谁如果只想做大事情，却连一件简单的事情都做不好，或不愿意做，就一定做不成大事业"。

会做事的人，必须具备以下三个做事特点：一是愿意从小事做起，知道做小事是成大事的必经之路；二是胸中要有目标，知道把所做的小事积累起来最终的结果是什么；三是要有一种精神，能够为了将来的目标自始至终把小事做好。

当你发现一件事情，你能把它从小事做大，并且能够逐渐地做成你自己的事业的时候，你坚持做下去，你就会由只是一个动作，变成了一尊雕塑，最后人们就会欣赏你、赞扬你，就会肯定你、承认你。

有一个孩子，在 6 岁时被父亲送进戏剧学校，当别的孩子还在大人怀里撒娇时，他每天得起早贪黑地吊嗓子、练功，师傅管教很严，表现不好就得受罚。他平生演的第一场戏是一个"死人"的角色，即躺在地上装死。上台之后，导演对他的表演很不满意，几次纠正几次重来之后，导演破口大骂。孩子很沮丧，自己居然连"死人"这样的配角也演不好。师傅告戒他，在台上，没有主角和配角之分，一样重要。后来，孩子开始细心地琢磨，一遍又一遍地练习吸气和闭气，终于成为舞台上"死"得最好的人。孩子长大后，梦想当武打明星，但他只是一个微不足道的后勤人员。为了吸引剧团里一位武术指导的注意，他天天提前站在武术老师必经之地。终于有一天，武术指导发现了他，停下来和孩子打了一个招呼，并让孩子坐上自己的车。到了拍摄现场，孩子为武术指导擦车，擦得特别认真，连缝隙中的污垢都用牙签挑干净，武术指导开始关注起这个孩子，孩子很快成为武术指导身边的"红人"。这个孩子后来成为中国家喻户晓的明星，他就是成龙。

自我提升　良性竞争

相互欣赏　相互支持

图 2-13

人这一辈子其实做不了太多的事情，什么事情都想做，等于什么事情都做不成。如果我们能把一件小事做到让自己满意，就已经很了不起了。能做到尽善尽美，就更了不起。

有一个服务员，这个人是一个天生的服务员，他的服务质量很好，很受顾客赞赏。后来，他开了一家自己的餐饮公司，由于有很好的服务，他的公司很受欢迎，美国所有的政治家和富翁家里只要有餐饮活动，不管多远都要用飞机接他和他的班子来做饭。美国的政治家和富翁都喜欢开私人party，开party一定会请餐饮公司，这样的公司在美国有很多。但是他的公司最为有名，美国的富翁们都以请到他为骄傲。而这个人也很有商业头脑，他又开了一家餐饮学校，然后带着自己的弟子，到全世界各个地方去，去承包那些最昂贵的、最有品位的宴会餐饮服务。最后他买了一辆波音737飞机，飞到各地去承办宴会。很多人都认为，一个服务员变成了一个买波音飞机的亿万富翁，这是一个奇迹，其实，他就是热爱这一行，把它做到了极致而已。

日复一日地进行着重复的劳作，这是一种现实主义的精神，而要将小事做大，则必须还具备一种理想主义的气质。

有个故事讲两个人都在搬砖，有人问他们在干什么，一个人说在搬砖，另一个人说在建造一座美丽的建筑。10年后，那个说搬砖的人还在搬砖，另一个人则变成了著名的建筑师。这就是在做小事时，心中是否想着大事的区别。

三、改变心态

一个人的心态不好，主要有以下几个方面的原因：

图 2-14

第一方面是你与他人在一起交往、娱乐的时间比较少。按照马斯洛的基本需要五层次理论——生理需要、安全需要、归属关系和爱的需要、尊重的需要、

自我才能得以发挥的需要，你所缺乏的正是"归属关系和爱的需要以及尊重的需要"。这些需要的缺失不仅让你产生了挫折感，加剧了内心的矛盾冲突，引发了不良的情绪反应，而且还干扰了你正常的心理活动和生理活动，导致了对自己讨厌、放弃和极端等问题的出现。要想解决这些问题，就必须满足这类需要，也就是说必须与周围的人打交道。亚里士多德说：能独自生活的人，不是野兽就是上帝。日常生活中我们也常说：在家靠父母，出外靠朋友。这就充分说明人是群居性动物，不能离群而索居，孤独而无友，所以要注意建立良好的人际关系，努力培养和提高一人相处的能力。

第二方面是虽然与他人交往，但是你却不能敞开心扉对待他人。我们每个人都希望被他人赏识、认同、接纳和爱，也期望自己成为人们心中的重点，要达到这样的效果，自己首先赏识、认同、接纳和爱他人，同时也需要把他人看作是自己心中的重点，只有这样我们所期望的一切才能随之而来。

第三方面是经常看自己的消极面，让它纠缠着自己而不放手，致使每天都活在消极的阴影之下。其实我们每个人所能把握的就是此时此刻，纵观人世间所有幸福的人，他们都是既不往后看，也不朝前看，他们只看自己的此时此刻。巴斯噶在《沉思者》中的这样一段话："我们向来不曾把握现在。不是沉湎于过去，就是殷盼着未来；不是拼命设法抓住已经如风的往日，就是觉得时光的脚步太慢，拼命设法使未来早点到临。我们实在太傻，竟然留连于并不属于我们的时光，而忽视唯一真正属于我们的此刻……"。所以只要我们活在此刻，只要为此刻的幸福、愉悦、快乐和爱活着，那么我们就会拥有快乐而幸福的生活；只要我们用心做我们真正的自己，把握住此时此刻振作起来的我们自己，用心地追求和享有幸福、愉悦、快乐和爱的生活，相信我们的未来将会是幸福而快乐的。

第四方面是经常悲观地看待自己，而不是积极而乐观地看待自己。洞灵子在《薄白学》中指出：人世间有一种要得便得、要失便失的东西，此即是情感。例如幸福，你觉得幸福，你便幸福；你觉得痛苦，你便痛苦。愁绪与快乐、紧张与轻松、爱与恨、幸福与苦闷等情感，仍是可以"按需分配"，要之有之，要多少有多少。你丢失愁绪，即获得快乐；丢失紧张，即获得轻松；丢失恨，即获得爱……在心理情绪之上，南宋陆象山的名句"吾心便是宇宙，宇宙便是吾心"即是印证。这段话的涵义是什么呢？一句话，"快乐来自于思想"。这句话虽然简单，但它真的可以让我们变成我们想要的样子。如果你一心想着自己的不好，那么你所看到的就是讨厌的自己，当然焦虑、紧张、苦恼、悲观的体验就会自然而然地涌上你的心头眼底，所以就会出现"不想去做，而是没心

情"的感受；如果你一心想着自己的工作得到了他人对你的关心、关注、爱护、肯定和尊重，那么你所看到的就是关心、爱护、欣赏、肯定和尊重的眼神，当然你所体验到的也就是幸福、愉悦、快乐和爱的感觉；如果你想着快乐，你就会快乐……改变思想，你就改变了行为和经验，它就是这么简单！

第五方面，快乐是在苦难和坎坷中奋起，是在艰辛和挫折中历练，是在血泪和汗水中发芽、生根、长枝缀叶而怒放出的鲜活的生命之花的过程。你目前已经经受了苦难、坎坷、艰辛和挫折的历练，也经历了在血水和泪水中浸泡而发芽、生根、长出枝、伸出蔓的探索过程，当你从自我从负面的情绪和情感中走出来时，我相信在不久的将来，你就会在人生这块肥沃的土壤之中怒放生命之花！

四、善待工作，感恩企业

✏ 拥有一颗感恩的心，让我们觉得自己是一个有尊严的人，一个知恩图报的人，一个有道德良知的人。一个人若有了感恩精神，比拥有其他品质更能激发工作的热情与激情。在没有加班费用、没有额外奖励、没有职位提升的利益驱动下，也照样拼命完成工作。这种自我的驱动力不但能让人拥有强大的执行力和创造力，也能给企业带来崭新的活力，最终实现员工与企业的双赢。

我们知道："感恩"是个舶来词，牛津字典给"感恩"的定义是："乐于把得到好处的感激呈现出来并且回馈他人。""感恩"是因为我们生活在这个世界上，这里的一切都对我们有恩情！

"感恩"最初来自基督教。其本意是要信徒感谢主为了拯救世人而被钉十字架，感谢主的慈爱与宽容，感谢兄弟姐妹的支持与帮助等。所以，不难理解，感恩必然能够促使人们扩充心灵空间的"内存"，让人们逐渐仁爱、宽容起来，并减少人与人之间的摩擦，化解人与人之间的矛盾，缩短人与人之间的距离，增强人与人之间的合作。

感恩节是美国人定下的一个古老的节日，是每年 11 月的最后一个星期四。

1620 年，著名的"五月花"号满载不堪忍受英国国内宗教迫害的清教徒到达北美洲。年关交替，寒冬腊月，他们遭遇了难以想象的困难，处在饥寒交迫之中。冬天过去了，活下来的移民很少。这时，印第安人给移民们送来了生活必需品，善良的印第安人还特地派人教他们怎样狩猎、捕鱼和种植玉米、南瓜。在印第安人的帮助下，移民们终于获得了丰收，在欢庆丰收的日子，按照

传统习俗，移民们确定了感谢上帝的日子，并决定为感谢印第安人的真诚帮助，邀请他们一同庆祝节日。

图 2-15

在第一个感恩节的当天，印第安人和移民们欢聚一堂，他们在黎明时鸣放礼炮，列队走进一间当作教堂的屋子，虔诚地向上帝表达谢意，然后点起篝火举行盛大宴会。第二天和第三天又举行了赛跑、摔跤、唱歌、跳舞等活动。第一个感恩节非常成功，其中许多庆祝方式流传了 300 多年，一直保留到今天。

每到感恩节这一天，美国举国上下非常热闹，人们按照习俗前往教堂做感恩祈祷，城镇市乡到处都有化妆游行、戏剧表演或体育比赛等。辛苦奔波了一年的亲人们也会从天南海北归来，一家人团团圆圆，品尝美味的感恩节火鸡。在感恩节的夜晚，家家户户都大摆筵席，食物非常丰盛。在节日的餐桌上，上至总统，下至庶民，火鸡和南瓜饼都是必备的食物。这两种"食物"体现了美国人民回忆先民艰难开拓的经历，追思第一个感恩节的情怀。

问题思考

简答下面的问题：

1. 如何做好自我定位？
2. 日企员工应具备哪些基本的素质？
3. 如何从简单的事做起？
4. 简述心态的改变对工作的影响。
5. 如何学会感恩企业？

第三章 日企商务礼节

导言 　继承中国儒家文化精髓的日本，早已跻身于世界强国之列，世界各国在感叹日本经济和科技发达的同时，也被日本的礼节所折服。尤其是日企的商务礼节，已经在日本的商务交往中形成了行为规范和准则，指导并规范日企商务人员的行为，协调人与人之间、人与社会之间的良好关系，促进彼此之间的相互信任、相互尊重、友好合作，从而有利于各方面的协调发展。在世界经济一体化、多元化的今天，在华日资企业逐年增加。由于中日文化、商务礼节、行为习惯上存在诸多差异，所以就职于日资企业的中国人，在工作中要非常注重日企商务礼节，以便更好地进行工作和贸易交流。

本课任务

◎ 学习掌握日企的商务礼节
◎ 了解掌握职场的相处之道

知识讲解

一、工作前的准备

1. 外表准备：仪表、服装

(1) 去公司前应检查一下自己的个人卫生和仪容仪表。

作为一名公司职员，穿戴打扮不但是自己的乐趣，也是公司形象的体现。仪表不整不仅会给对方造成不悦，甚至会影响公司的声誉。所以上班前请检查

头发是否有汗臭味或者头屑；指甲是否过长；衣服是否有油污；鞋子是否有灰尘；饰品是否太累赘显眼；香水气味是否太过浓重等。

(2) 上班前应检查一下自己的着装。

着装方面，要避免穿着破坏和谐氛围的服装，应选择为大众所接受的颜色和款式。在公司里，穿着牛仔裤、休闲服之类的服装上班，除个别行业之外一般是不允许的。男士一般穿着西服套装和白色衬衫；女士在正规严肃等场合应穿着西服或者紧身的直通裙、小喇叭裙。

图 3-1

(3) 不需要奢华的化妆和过多的饰品。

工作时方便操作，体育活动时动作自如，休闲娱乐时能轻松舒展身体，正规的场合又能与现场气氛相融合，符合上述情况的装束和打扮最能让人感觉到你的品位。

(4) 职业装的搭配要协调。

① 领带和西服要协调；

② 西服的颜色是藏青色、灰色或茶色系列等接近纯色的，衬衫要用熨斗烫平，裤子折缝笔挺；

③ 皮包的颜色是黑色或茶色的；

④ 袜子的颜色与西服的颜色要和谐，长筒袜的颜色最好是肉色；

⑤ 发型不要太华丽，饰品佩戴得当。

图 3-2

2. 心理准备：去公司前应做到两个不要——不要丢三落四，不要迟到

(1) 作为公司职员，丢三落四是不合格的。

如果前一天从公司带回的文件和资料忘记带来，今天首先要和客户沟通协商。如果忘带的正是会议上要用的资料，其损失是无法估量的。

图 3-3

在前一天做好所有的准备，检查皮包里的物品。例如洽谈时需要的文件、资料、宣传手册，去拜访其他公司时还要带上名片、身份证、私人物品等，一定能防止丢三落四的现象发生。

(2) 作为公司职员应做到不迟到。

不要勉强赶上上班时间，提前 5 分钟到岗是公司职员的基本礼仪。估计要迟到的时候应尽快与有关人员联系，若比预定时间晚，也应在途中打电话联系。

图 3-4

二、工作时的礼节

从踏进公司的那一刻起，作为一名职员，就必须学习和遵守公司所制定的规章和制度，养成良好的工作习惯。

1. 办公桌要定期清理

办公桌是工作时思考、作业的地方,也是用来放置办公用品和资料的地方。

(1) 桌子里尽可能不要放置私人物品,而且应把桌面上需要放的用品限制在最小范围内,这是提高工作效率的要点。

(2) 杂乱无序的桌面会给来访者带来不良的印象。

(3) 公司的用品在使用完毕之后一定要放回原处。

图 3-5

2. 工作中要注意到各个细节

作为一名日企工作人员,在工作时所体现的态度和行为直接关系到能否被信赖、能否有长足的发展,所以在工作中能够注意到各个细节是非常重要的。例如:

(1) 坐在座位上的姿势要正确。

脊背不要靠在椅背上,同时伸直脊梁。挺起脊背的姿势可以方便自己工作,同时也能迅速应对来客或上司的指示。

(2) 吸烟时要考虑他人的感受。

在日企公司里,即使是办公室,也有指定的吸烟区域,区域以外不准吸烟。在工作场所抽烟会非常失礼,也会给他人的健康带来影响,所以在有限的空间里,吸烟者必须考虑非吸烟者。也不能叼着烟工作,或边走路边吸烟。在接待客户或洽谈中要吸烟时,应向对方打声招呼,但如果对方不吸烟,忍一忍也是一种礼仪。

(3) 做任何工作都不要敷衍了事。

工作中有诸如“把这个拿去复印”、“请帮我去打印”之类琐碎的工作,在这种场合特别是新职员会愤愤不平,经常抱怨:凭什么让我干这样的活,其实这是一种错误的想法。就拿复印来说,只有专心致志,一页一页地认真查看才能复印得很好。所以无论工作多么简单,也不能偷工减料、敷衍了事,要以认

真的态度去对待它。

图 3-6

(4) 要做到公私分明。

① 不得占用工作时间。在工作时间内不要写私人信件,打私人电话,或去咖啡屋等;如果没事可做可以报告上司,请求指示工作,或学学本公司的商品知识等;如遇急事可以打公用电话或私人手机,而且谈话要注意简短。

② 不能挪用公司物品。公司的物品哪怕是圆珠笔、信封、明信片、文具类用品也都是公司的财产,未经许可挪作私用是一种贪污的行为。特别是利用公司的复印机拷贝大量的私人文书,或用公司的车子出游等都是公私不分的表现,要杜绝这种行为。

(5) 工作中严禁与同事闲聊。

不要长时间和公司的人讲与工作无关的话;不要站在厕所和走廊等地和他人聊天;不要在对方专注工作时与人搭话。

图 3-7

(6) 离开座位时要注意椅子的摆放。

如果有事外出或要去洗手间应当默不作声地从座位上站起来,离座时要把椅子移回桌下,不要成为行走的"绊脚石"。

(7) 提问时先打招呼。

① 当别人正在工作时，不打招呼就直接说出事情，或突然打断别人的谈话，这些都是失礼的行为。

② 不要直呼对方的姓名，即使有急事，也应该先打声招呼："现在可以吗？"然后进入正题，这是礼仪。

③ 当别人在聚精会神数物件时，应等候到适当时机后再说话，注意不要给对方添加麻烦。

(8) 要虚心接受上司的指示。

图 3-8

① 在公司接到上司和前辈委派的工作时要虚心接受。被上司叫到后应答应一声"是"，并从座位上站起，走到上司面前；这时不要忘记带上纸和笔，边听指示边做记录；复杂的事物和数字必须记录下来，并一面整理一面归纳重点。

② 等上司说完话后再提问。在听上司指示的过程中，即使产生疑问也要等对方把话说完，如果中途把话打断可能会打乱上司的思路，使话题很难继续下去。上司指示完毕问还有什么疑问时，你再提出自己不明白或难以理解的问题。

③ 复述、确认要点。最后，应看着笔记本复述一下，看是否正确理解了上司的指示，有没有记录错误。

④ 不能做的工作不要勉强接受。要如实告知自己的上司，如果轻易许诺，其结果会造成许多麻烦，但是对于自己讨厌的工作不能置之不理。

3. 来客人时接待的礼节

(1) 来客人时不要吃东西，不要看杂志，不要和同事闲聊。

(2) 要正确记住客人的名字。

(3) 有多位客人来访时要公平对待。

(4) 在接待过程中如果有电话打来，要跟客人说「失礼いたします」后再接电话。

(5) 要正确记录客人来访的事件。

(6) 当客人要找的负责人不在时，先请客人到接待室等候。

(7) 在传达室接待客人时要笑脸相迎。

(8) 在为客人带路时，要首先站立，注意礼节。

(9) 用手示意客人所就坐的座位。

(10) 要为客人准备好茶水等。

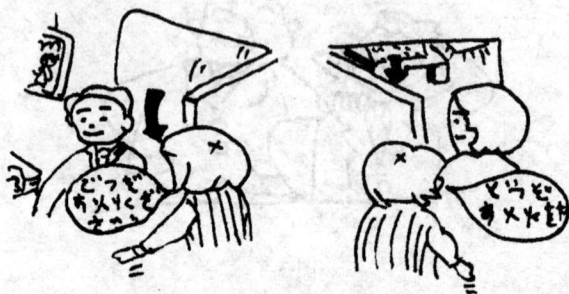

图 3-9

4. 在公司里出入时的礼节

(1) 在进入会议室等场所时要轻轻敲门，用手握着门把手开门。

图 3-10

(2) 关门时要面对着门，不要因为着急而随手关门。

(3) 在带领客人进入房间前应站在门前，把门打开让客人先进。

(4) 在遇到转动门的时候，应该比客人或上司先进入。

(5) 和上司一起走的时候要位于上司左侧稍靠后的位置行走。

（6）登楼梯时男士先行，下楼梯时女士在前。

5. 递接名片时的礼节

图 3-11　　　　　　　　　　　　　　　图 3-12

（1）递名片时要站立，单手递名片双手接名片。

（2）递名片时要说出自己的名字。

（3）为使对方更容易看清名字，在递交的时候要把名字面向对方一侧。

（4）在递交名片时应避免名片被折叠或者被弄脏，名片应放在专门的名片夹或者钱包里。

（5）接到名片时要确认对方的名字及公司的名字，没有看名片而直接放在口袋里是非常失礼的。

（6）当和初次见面的多位客人进行洽谈时，要按顺序依次把名片递交过去。

6. 鞠躬、握手时的礼节

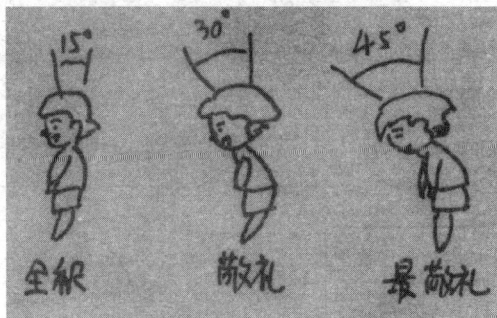

图 3-13

（1）鞠躬行礼是向对方表达敬意的表现。最有礼貌的鞠躬是上体倾斜 45°；和同事轻轻点头即可，上体倾斜 15° 左右；一般的鞠躬约 30°。

坐着鞠躬时眼睛与榻榻米的高度在 30～40 cm，坐姿最有礼貌的鞠躬是上体与榻榻米保持平行。

(2) 握手时要注意：和上司或长者握手时，要对方先伸出手后再握手；和女性握手时应该女性先伸出手时再握手。握手时要保持站立、平视对方，不要低头。

图 3-14

(3) 点头行礼是同事之间或者一天当中经常见面的人之间所进行的问候。见面问候时，当有工作脱不开身时上体向前倾斜 15°即可；正在站立时身体向前倾斜 15°，双手自然地放在前面。

图 3-15

7. 各种场合的座次

(1) 在餐馆等的场合：离出入口最远的位置是贵宾席，贵宾正对着的为主人。

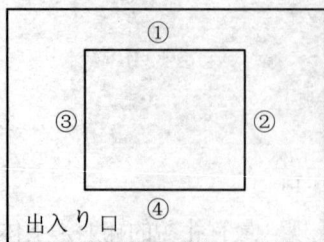

图 3-16

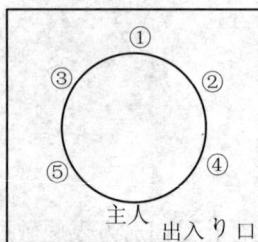

图 3-17

(2) 在宴会的场合：离主席台最近的为贵宾席。

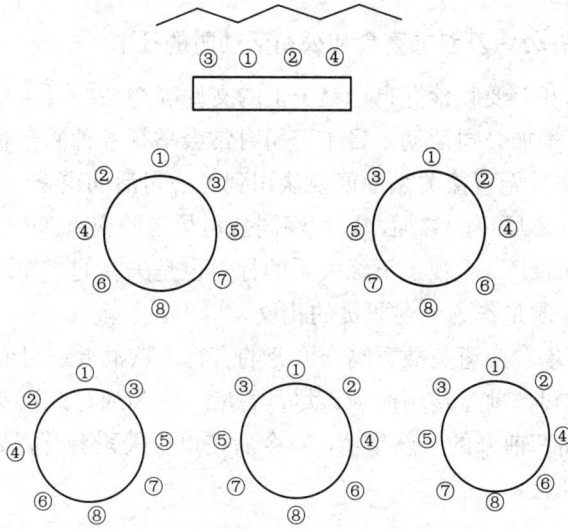

图 3-18

(3) 在乘车的场合：司机后面的位置为最好，副驾驶位置为最差。坐火车、列车时靠窗户并和车前行方向一致的位置为上等座位。

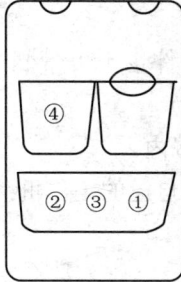

图 3-19

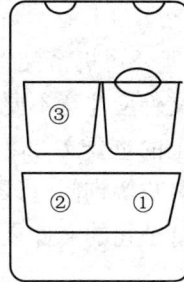

图 3-20

运行方向

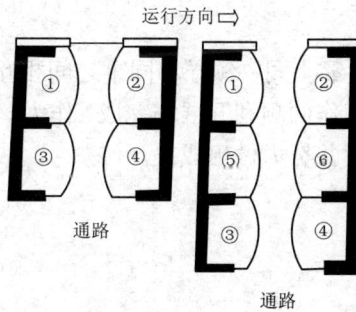

通路

通路

图 3-21

图 3-22

8. 下班离开公司及参加宴会和公司活动时的礼节

(1) 下班离开前要收拾好自己桌子上的文件等物品。

(2) 尽可能参加公司活动。日本公司时常会举行各种酒会和各类休闲娱乐活动，这与工作虽无直接关系，但要认识到"公司活动也是一种工作"。特别是进入新单位，要尽可能参加，以加深同公司员工的交流。

(3) 即使酒席上，无视上下级关系的行为也是失礼的。知道自己的酒量，在失态前加以控制是作为一名职员的礼仪。

(4) 宴会等场合应避免故意哗众取宠的言行，饮酒要适可而止。

(5) 受到上司、前辈邀请时应该尽量答应。因为通过此次交往可以了解到前所未知的上司和前辈的一些事情，对今后在单位关系会有好处，同时又能获得宝贵的人生经验。

9. 做好保密工作

在信息化社会的今天，企业之间的竞争是非常激烈的，特别是有关新产品开发动向和人事方面的情况特别受到同行的关注，所以作为一名员工保守公司秘密也是责任所在。

(1) 慎重处理公司机密文件，即使是复印件也不可带回家或带出公司。

(2) 废弃的文件应注意不要撕毁后随手乱扔。

(3) 放在桌上的重要文件离座时应收入抽屉内。

(4) 在接受客户等询问时，不要将公司以及自己的工作机密就此泄露出去。

(5) 不要手持公司的文件袋行走。

三、职场的相处之道

在公司里，工作是要靠上司、领导和同事之间相互协作才能完成的，所以良好的人际关系有利于工作的顺利开展和完成，作为一名公司职员应该脚踏实地去完成所交给的任务，并努力做出成果。

1. 与上司和前辈的相处方式

图 3-23

图 3-24

(1) 尊重、信任、多沟通。在工作中，上司就是公司的领导者和决策者，要尊重上司和前辈，同时也要获得上司和前辈的信任。在工作中要做好自己份内的事情，积极进取，多与上司沟通，多向前辈学习。

(2) 当同上司、前辈一起外出或出差时，要顾及他们的身体和颜面。诸如买车票、叫出租车等行动要抢先一步。车票到手后说："给您……"。

(3) 不要背后评论和发泄对上司和前辈的不满，有意见可以在公开场合或者会议上向上司提出。

图 3-25

(4) 对于自己的错误要敢于坦率承认。在工作中错误在所难免，当察觉到自己在工作中的错误时应尽快报告上司，同时要向上司承认错误。这样做或许会受到上司的责备和呵斥，但是可以促进自己的成长，争取不要犯相同的错误。

图 3-26

(5) 不要抓住上司的某个缺点或者错误不放，着眼于对方的长处，多看他好的方面。

2. 与同事之间的相处方式

图 3-27

同事之间既要关系亲密又要讲究礼貌。

(1) 要珍惜和同事共事的机会，不要为了自己的私利而去中伤对方。

图 3-28

(2) 工作上要有良好的竞争意识，从而使公司充满朝气。

(3) 不要和同事说上司坏话或在酒席上发牢骚，这样容易使人际关系产生裂痕。

图 3-29

(4) 做事要有原则，要坚持自己的方式。

(5) 同事之间不相互借钱，那样容易伤害友情。

(6) 不要公开他人的隐私或说他人坏话，保守秘密是获取信任的关键。

3. 与不同年龄层次人的交往方式

(1) 商业社会与学生时代所处的环境不同，众多年龄和价值观不同的人积聚在同一场所工作，就有必要寻求互相交往的接触点。建立一种尊重对方立场的思考方式。

(2) 对年长者要满怀敬意，要积极接受年长者的指导和忠告并致以衷心感谢。

4. 与异性之间的交往方式

(1) 公司是以工作为中心的场所，公司内异性间的交往要注意一定的分寸。

图 3-30

(2) 单位里的男女职员是相互协作的工作伙伴，不要过分意识性别，要同等相待。

图 3-31

(3) 相互间的说话方式和措辞要注意分寸，禁用亲昵的语言。

(4) 工作时体现男女平等，互相爱护。

(5) 在单位要警惕性骚扰。

(6) 在单位发展成恋爱关系时，为避免单位同事反感，不要在角落窃窃私语，不要用公司的内线电话谈私事。约会如果被单位同事撞见时，不要辩解而要大方地打招呼。

世界を見よう

知识拓展

日企商业圈中的"报"、"联"、"商"

在日本企业中都非常重视团队合作，企业里"报告「報告－ほうこく」、联络「連絡－れんらく」、协商「相談－そうだん」"是公司顺利运作的三项法宝，简称ほうれんそう(菠菜)。

(1) 勤于汇报。公司里的每位员工不仅要完成自己的业务，还要与周围的同事进行沟通，公司上下齐心合力非常重要。当自己负责的工作出现麻烦，为避免给整个团队造成影响，应该尽早汇报。汇报时把结论部分放在前面说，说明部分不要掺杂个人的解释和意见，让事实说话，报告要深得要领。在工作中也要随时进行汇报。

(2) 频繁联络。团队之间频繁的联络有利于工作方案的解决。联络的时候

要注意"何时"、"何地"、"何处"、"做什么"、"为什么"、"怎么做"、"做多少"等要素，要具体、简洁，这样有利于问题的解决。

(3) 解决问题。在自己拿不定主意的时候，与其擅自解决，不如和领导协商，这样的部下能让上司放心。当进行某项议案时，事先协商是公司职员执行业务必不可少的程序之一。协商是提建议的一种方式，是走向成功的必由之路。

问题思考

1. 在工作中应注意哪些着装要求？
2. 如何做到不迟到、不早退？
3. 交换名片时的礼节是什么？

第四章　日企商务用语

任务一　日常寒暄问候和自我介绍

导言　在日本，尤其在日企中规范地向对方寒暄问候已经被看做是一种礼节和礼貌表达。一名企业人员能够正确地做好寒暄和自我介绍已经被视为高素质的表现。而日本的寒暄问候除了语言之外，鞠躬也是非常重要的手段。在寒暄问候语中，针对不同场合、时间等会有不同的表达方式。在本课学习任务中，我们将学习和了解在日企中的寒暄问候和自我介绍。

本课任务

◎ 重点掌握不同场合的寒暄问候
◎ 学习掌握简单的自我介绍
◎ 如何正确地介绍他人

知识讲解

一、日常寒暄问候

A：おはようございます。
　　早上好！

B：おはようございます。

　　早上好!

A：こんにちは。

　　你好!

B：こんにちは。

　　你好!

A：こんばんは。

　　晚上好!

B：こんばんは。

　　晚上好!

A：おやすみなさい。

　　晚安!

B：おやすみなさい。

　　晚安!

A：さようなら。

　　再见!

B：さようなら。

　　再见!

A：また、あした。

　　明天见!

B：失礼します。

　　失陪了!

　　日本人向不太亲密的外人问候时，一般早上说「おはようございます」，下午说「こんにちは」，晚上说「こんばんは」，但是如果是家人或同事的话一般说「おはようございます」，不用「こんにちは」、「こんにちは」。

(1) 表达祝福的寒暄语：

A：おめでとうございます。

　　恭喜恭喜!

B：ありがとうございます。

　　谢谢！

(2) 表达欢迎的寒暄语：

A：いらっしゃいませ。

　　欢迎光临！

(3) 用餐前的寒暄语：

A：いただきます。

　　我先用餐了。

(4) 用餐后的寒暄语：

A：ごちそうさまでした。

　　谢谢款待！

二、自我介绍

1. 简单的自我介绍

例1：

A：おはようございます。

　　早上好！

B：おはようございます。

　　早上好！

A：はじめまして、王華と申します。中国の大連から参りました。どうぞよろしくお願いします。

　　初次见面，我叫王华。从中国大连来的，请多关照。

B：こちらこそ、よろしくお願いします。

　　彼此彼此，我才应该请您多关照。

例2：

はじめまして、王華と申します。今年は16歳です。家族は3人で、父、母と私です。趣味は本を読むことです。専門は日本語です。私の性格は明るいです。将来、日本へ留学に行きたいですから、今大連商業学校で日本語を一生懸命に勉強しています。どうぞよろしくお願いします。

初次见面，我叫王华。今年16岁。家里有三口人，父母和我。我的爱好

是看书，专业是日语。我的性格开朗。因为我将来要去日本留学，所以现在在大连商业学校努力学习日语，请多关照。

2. 介绍他人

A：おはようございます。

早上好！

B：おはようございます。

早上好！

A：劉さん、こちらは王さんです。大連商業学校の日本語学部の生徒です。

小刘，这位是小王，是大连商业学校日语专业的学生。

C：はじめまして、王華と申します。どうぞよろしくお願いします。

初次见面，我叫王华，请多关照。

B：こちらこそ、よろしくお願いします。

彼此彼此，我才应该请您多关照。

世界を見よう **知识拓展**

一、人与人之间的问候

在日本，人与人之间的谈话中不涉及彼此的隐私，但是日本人又很重视和群体成员的交流。在日企中，孤立的处境往往意味着失败。所以，人和人之间的问候就变得十分重要，即使没有什么重要的事情，也要时时地彼此问候。天气、季节等这样的话题，不涉及个人隐私，是可以成为共同话题的一个问候内容。所以，在日本，天气、季节、气候往往成为人与人之间的问候的话题。例如：

いい天気ですね。

天气不错呀。

暑いですね。

好热啊。

今年の桜は遅いですね。

今年的樱花开得晚啊。

もうお花見にいらっしゃいましたか。

您已经去赏樱花了吗?

二、介绍他人的顺序

介绍他人的时候,一定要注意介绍的顺序。应该先介绍地位低的人,后介绍地位高的人;先介绍职位低的人,后介绍职位高的人;先介绍公司的同事,后介绍公司外部的人。

三、自我介绍时的礼仪

初次见面在打招呼的时候都会进行自我介绍。自我介绍的时候如果能够做到放松、挺胸抬头、语速缓慢、声音洪亮,就会给对方留下很好的印象。

1.最初

在进行寒暄和自我介绍时,日本人通过语言和鞠躬向对方表达敬意,鞠躬时要注意弯腰、低头的角度。

2.名字

在单位里进行自我介绍时,最好报上自己的全名。如果名字中的汉字较难理解和书写时,最好能够详细地进行说明和解释,或者写出来给对方看,用缓慢的语速说出自己的名字。如果是在商务社交的场合进行自我介绍时,一般介绍自己的姓氏即可。

3.爱好等的介绍

介绍完自己的名字后也可以根据自己的情况介绍一下自己的爱好、故乡、性格等,以便在公司里拉近彼此之间的距离,找到可以互相交流的话题。

4.最后

介绍完之后要说「よろしくお願いいたします」(请多关照),然后鞠躬就可以完成自我介绍了。

问题思考

1. 根据自身情况做简单的自我介绍。
2. 向老师介绍你的同桌。

任务二　访问和接待用语

导言　　　　　在全球经济一体化日趋完善的今天，国际间的合作非常频繁。因为与日本一衣带水的得天独厚的地理优势，使得中国尤其是大连与日本的经济往来达到前所未有的高度。在大连，日资企业达数千家，所以在企业中做好接待工作就显得尤其重要。除了接待的礼节之外，商务日语中接待用语的正确使用也是不容忽视的。本课主要学习掌握商务访问和接待的基本礼仪用语，使学生在今后的职场生涯中能够代表公司形象，恰当地运用日语知识进行商务访问和商务接待，促进公司间的相互交往。

本课任务

◎　重点掌握不同场合的接待技巧
◎　恰当地运用日语知识进行商务访问和商务接待

知识讲解

一、访问和接待用语——到客户家里

(1) ごめんください。
　　家里有人吗？

(2) 失礼します。

打扰一下!

(3) ～さんご在宅ですか。

～先生(女士)在家吗?

(4) どなた様ですか。/どちら様ですか。

您是哪位?

(5) よくいらっしゃいますよね。

非常欢迎!

(6) どうぞお入りください。

请进!

(7) どうぞあがってください。

请进!

(8) では、失礼します。/では、お邪魔します。

那么打扰了。

(9) では、遠慮なく。

那么，不客气了。

(10) こちらへどうぞ。

请到这边来。

(11) おかけください。

请坐!

(12) お茶をどうぞ。

请喝茶!

(13) つまらないものですが。

不值钱的东西。

(14) ほんの気持ちばかりです。

是我的心意。

(15) 中国のお土産ですが、めし上がってください。

这是中国的土特产，请收下。

(16) そろそろ時間です。

就要到时间了。

(17) また用事がありますので。

因为我还有事。

(18) まだ早いですが、ゆっくりなさってください。

还早，不要着急。

(19) またおいでください。

请再来。

(20) 今日はどうもありがとうございました。

今天十分感谢。

二、访问和接待用语——到公司

(一) 访问方

(1) 始めまして、私は大連貿易会社の王でございます。よろしくお願いいたします。

初次见面，我是大连贸易公司的小王，请多关照。

(2) 突然伺って申し訳ございません。大連貿易会社の王と申します。

很抱歉突然来拜访，我是大连贸易公司的小王。

(3) 本社の製品にご興味がお持ちであれば、いつでもお問い合わせをお願いいたします。

如对本公司的商品感兴趣，我们随时期待您的咨询。

(4) もし、何かほかに資料が必要でしたら、お電話下さい。

如果需要其他资料，请给我打电话。

(5) これからもいろいろお世話になります。

今后需要您的关照。

(6) では、ご連絡をお待ちします。

那么，期待您的联系。

(7) 今日はお忙しいところを、大変ありがとうございました。

今天在百忙之中打扰您，非常感谢。

(二) 接待方

(1) お待たせいたしました。

久等了!

(2) こちらへご案内いたします。/こちらへお越しください。

请跟我来!

(3) 少々お待ちください。

请稍等。

(4) 王様でございますか。

您是王先生(女士)吗?

(5) いらっしゃいませ。

欢迎光临!

(6) よくいらっしゃいました。

非常欢迎您的到来。

三、模拟会话

(一) 会话1

A：失礼いたします。私、王華と申します。経理部の田中様はいらっしゃいますか。

B：私、企画部の李麗と申します。

A：経理部の田中様と午後1時にお会いする予約になっておりまして。

B：経理部ですか。ご案内いたしますので、どうぞ、こちらへお越しください。

A：どうもありがとうございます。

B：こちらでございます。

(二) 会话2

A：どうもお待たせいたしました。

B：いいえ、先日はどうも。

A：いえ、こちらこそ。今日はお忙しいところを、ありがとうございます。

B：いえ。

A：ここはすぐおわかりになりましたか。

B：ええ、きのうはメールで地図を送っていただいたので、すぐわかりました。

A：ああ、そうですか。

(三) 会话3

A：王華です、初めまして、どうぞよろしくお願いします。

B：いいえ、こちらこそよろしくお願いします。大連会社の王と申しま

す。突然伺いまして、失礼しました。

　A：いいえ、とんでもありません。まあ、どうぞこちらへ。

ところで、今日はどんなご用件でしょうか。

　B：実は、今日新しい商品についてご相談したいと思いまして、伺いました。

　A：そうですか。それは喜んでやらせていただきます。

　B：ありがとうございます。

知识拓展

一、访问的注意事项

(1) 提前预约很重要。首先要考虑对方方便的时间去拜访。拜访时要提前5分钟到达。如果事先知道会迟到的话，要电话告知对方否则会很失礼。在迟到的时候不要过多强调理由，仅仅向主人说「申し訳ありません」就可以了。

(2) 在访问处的接待室要把自己的公司、自己的名字、要拜访的人的名字和事情跟接待人员说清楚，以便及时找到拜访的对象。在见到您需要拜访的人后，请不要忘记互相交换名片。

(3) 在访问之前最好把名片和需要的文件、资料整理好，以便在访问时根据所说的内容顺利地递交材料。访问结束后不要忘记说「今後ともよろしくお願いいたします」。

(4) 当今社会，时间就是金钱，因此在商谈时尽量不要浪费时间，或者说一些跟访谈无关的话。在访问之前能够做好访问计划对于访问目的的实现也是非常重要的。

二、接待的注意事项

接待客人的原则就是人人平等，不能让客人等待。

(1) 在接待处接待客人的时候：

客人刚进入门口时，首先要说「いらっしゃいませ」。

(2) 不在接待室的时候：

当注意到有客人来了时，应该马上站起来跟客人打招呼，不能因为忙而不理睬客人。如果是自己的客户，更应该率先站起来去接待客人。

(3) 有多位客人来访的时候：

应该按照先到先招待的原则接待，并且对于其他在等待的客户应该向他们道歉并说「申しわけございません。ただいま、すぐにお伺いいたします」。

(4) 来访的客人是第一次来访的时候：

跟所有的客户一样非常有礼貌地接待，不能根据客户的态度或外表来决定自己的态度。

(5) 让对方久等的时候：

如果预约的客人如约而至，但是负责人却因为正在开会或者打电话不能赴约时，接待人员应该说明现场的情况，然后把客人带到接待室，给客人倒上茶水，并向客人解释说「申し訳ございません。あいにく会議が長引いております。少々お待ちください」，或者说「申し訳ございません。あと 10 分ほどかかりそうだと申しております」。

(6) 从客人那里收到名片或文件的时候：

首先要说：「おあずかりいたします」，然后用双手接过来名片。如果是文件的话，要确认一下文件的名称和相关内容。

(7) 客人如约而至，但是约定的一方不在的时候：

首先把客人领到接待室。告诉客人负责的人不在，问问客人有什么需要转达。接待一方可以这样说：「申し訳ございません。代理の者がご用件を承りますが、よろしいでしょうか」。

三、带领客人去接待室或会议室时的基本礼节和座次安排

お客様を応接室や会議室などへご案内する際には、廊下、階段、エレベーターなどを使うことになります。常に相手の立場に立って案内を心がけてください。案内する際の心構えと注意すべき点は、以下の通りです。(带领客人去接待室和会议室等场所的时候，常常会通过走廊，使用楼梯、电梯等。需要时常站在对方的立场上用心引导。引导的时候应该准备和注意的地方如下。)

(1) 廊下。

廊下を歩く時は、「こちらへどうぞ」と、指先を揃えた手で行き先を示し、お客様の 2〜3 歩斜め前(お客様は廊下の中央、案内人は端)を静かに歩くようにします。(走在走廊时，一边说"这边请"一边用指尖指向行走的方

向，要在客人的两到三步斜前方(客人在走廊的中央，向导在两边)安静地行走)。

(2) 階段。

階段では、「お足元にご注意ください。お先に失礼します」と断り、先に昇ります。手すり側をお客様に昇ってもらい、案内人は 2～3 段上の斜め前で歩きます。(在楼梯上，要说"请注意脚下，我先上楼"之后先上楼梯。引导客人在扶手侧上楼梯、引导的工作人员在 2～3 个台阶的斜上方带路。)

(3) エレベーター。

エレベーターを使う場合は、エレベーターに誰もいなければ、自分が先に乗って操作ボタンの前に立ちます。誰か乗っている場合は、ドアが閉まらないよう「開」ボタンを押し、先に乗ってもらってから操作ボタンの前に立ちます。降りる時はお客様に先に降りてもらいます。なお、エレベーターの席次は左奥が上座になるので、お客様を誘導してください。(使用电梯的时候，如果电梯里没人时，自己先乘入后站在操作按钮的前面。电梯里有人时，为了防止门关上，要按着"开"按钮，然后先乘入之后站在操作按钮的前面。出电梯的时候要让客人先下。电梯里最佳位置为左侧靠里的地方，可以引导客人在那乘坐。)

(4) 応接室へのご案内。

お客様を通す部屋に着いたら、中に誰もいないとわかっていても、念のため、必ず 3 回ノックしてからドアを開けます。その際、部屋の照明がついていなければ、先に入って照明をつけます。なお、夏と冬は、お客様を通す前に冷房や暖房のスイッチを入れておくことがマナーです。(如果到了客人房间门口，即使知道房间里没人，为了慎重起见，必须敲三下门后再把门打开。这时如果房间的灯没开的话，先进入把灯打开。另外，夏天和冬天，在客人到达前提前打开冷气或暖气的做法是一种礼仪。)

(5) 上座へのご案内。

お客様がどこに座ってよいか迷わないよう、「どうぞこちらに、おかけください」と上座をすすめます。(为了让客人不因座位而困扰，应引导客人到贵宾席就坐并说声"请坐这边"。)

问题思考

1. 利用访问和接待用语制作一个简短的模拟会话。

2. 总结和归纳访问和接待的注意事项。

任务三　感谢和道歉用语

导言　感谢和道歉用语不是日语所特有的,但在日语中却是使用频率最高的。日本人的感谢和道歉用语在语义和运用上与汉语存在很大的不同。如果不了解日语本身的特点和日本人的民族心理,是很容易引起误会的。日语中的道歉带有感谢之意,常用道歉用语表达感谢之情。所以我们在学习掌握感谢和道歉用语的同时,对日语感谢场合中的致歉表达做些分析,以了解日本人的文化心理,有利于正确地用日语表达感谢和道歉。

本课任务

◎ 熟练掌握感谢用语和道歉用语
◎ 在不同的场合能够灵活运用感谢和道歉用语
◎ 了解日本人对于感谢和道歉的文化心理

知识讲解

一、感谢用语

根据场合的不同,感谢用语的表达也不尽相同。

(一) 对上司

(1) 本当にどうもありがとうございました。
　　真的要谢谢您了。

(2) ご親切にありがとうございました。
　　谢谢您的好意。

(3) どうもすみません。
非常感谢!

(4) おかげさまで、助かりました。
托您的福,真是帮了我大忙。

小提示:日语中的「すみません」有多种意思。在道歉的时候、感谢的时候、招呼人的时候、拜托别人的时候、给别人添麻烦以及要给人添麻烦的时候,都可以使用「すみません」。

(二) 对客户

(1) お世話になりました。
谢谢您的照顾。

(2) いつもお世話になっております。
总是得到您的关照。

(3) いいえ、こちらこそ。
没有,哪里哪里。

(4) ごちそうさまでした。
多谢您的款待。

(5) 先日はごちそうになりました。
上次多谢您的款待。

(6) どういたしまして。
不用谢。

(7) お出迎えいただき、ありがとうございます。
谢谢您特意前来迎接。

(8) 遠いところをわざわざお越しくださいまして…
谢谢您从大老远特意赶来。

小提示:用「いただき」或「〜いただきまして」,会给人留下更礼貌的印象。「〜まして」后面的「ありがとうございました」(谢谢了)被省略了。 这种没有说到最后的方式反而更能礼貌地表达感谢的心情。

二、道歉用语

(一) 道歉的基本形式

(1) 失礼いたしました。
　　打扰了。

(2) 申し訳ございません。
　　非常报歉。

(3) すみませんでした。
　　对不起。

(4) ごめんなさい。
　　对不起。

(二) 轻微的道歉

(1) 失礼。
　　打扰了。

(2) これはどうも。
　　这个，不好意思。

(三) 犯错误时的道歉

(1) 遅れてすみません。
　　对不起，我迟到了。

(2) 昨日お電話するのを忘れてすみません。
　　对不起，昨天忘记打电话给你了。

(3) どうぞ許してください。
　　请原谅。

(4) 長いことお待たせしてすみません。
　　让你久等了，对不起。

(5) ご迷惑をかけましてすみません。
　　给您添麻烦了，很抱歉。

(6) ごめんね、車が渋滞して、遅くなってしまって…
　　抱歉，塞车来晚了。

(四) 对道歉的答复

(1) いや、かまいません。／いいえ、いいんですよ。

不，没有关系。

(2) どういたしまして。

哪里，没关系。

(3) いや、何でもありません。

算不了什么。

(4) とんでもありません。／·いや、大丈夫です。

没事。

(5) 気にしなくてもいい。

不要放在心上。

(6) 心配しなくてもいいよ。

不必担心。

三、模拟会话

(一) 会话1

A：先日はどうもありがとうございます。

上次真的非常感谢。

B：いえいえ。ただできるだけのことをしました。

不用。我也是仅仅做了我能做的。

(二) 会话2

A：Bさん、先日は翻訳を手伝っていただいて、どうもありがとうございました。お手数をおかけしました。

前几天您帮我翻译，真的非常感谢。给您添麻烦了。

B：いいえ、大したことではありませんよ。

不用客气。没什么大不了的。

A：おかげさまで、助かりました。わからないときは、また教えてくださいね。

多亏了您的帮助，非常感谢。如果有不明白的，还得向您请教。

B：いいわよ。ご遠慮なく、いつでもどうぞ。

好的，请不要客气，随时都可以。

知识拓展

一、日本人的"感恩"情怀

日本人有注重"感恩"的文化传统，会时常表达"感谢"之意。对于感谢的事情通常第一次感谢过后下次见了面，对上次的事情会再次表达感谢之情。

感谢也有程度上的不同。どうもありがとうございます，相当于中文的"非常感谢"，这是使用最多的一句；ありがとうございます，表示一般的感谢；どうも，表示漫不经心的感谢，适用于对服务员给你端茶倒水后礼节性的回应。

应该注意不同情况下用不同的语句来表达，既不能太没有诚意，也不要太过做作。譬如服务员给你端茶倒水，在服务员看来，那是他的职责所在，如果你表现得千恩万谢的样子，反而会让人觉得夸张做作，很不自然。

二、「すみません」的多种表达

「すみません」在日语中的本义是"不好意思，对不起"，常用于道歉，但如果在得到别人的帮助，而且又因为这种帮助给对方添麻烦、打扰到对方时，也会用「すみません」来表示带着愧疚的感谢。

譬如当你拿很重的行李行走时，有人向你提供帮助，给你提包，这种情况下说一句「すみません」，既表达了感谢，又显示了愧疚，人家会更领情。如果仅用一般的感谢，显然不能充分表达你愧疚的心情。

日本人向来崇尚"和为贵"的处世准则，重视整体协调、集团意识，主张站在别人的立场上思考问题，来协调好人与人之间的关系，所以日本人经常用「すみません」代替「ありがとう」。

日本人在表达自己的喜悦之情时用「ありがとう」，接受别人的帮助感到很"过意不去"时用「すみません」。

可以说，「ありがとう」是从自己受益的立场出发来表达感激之情的话语，而「すみません」则是考虑对方心情的感谢之辞。这种体会他人心情的「すみ

「ません」起到了与人心灵沟通、润滑人际关系的作用，因而很受人们欢迎。

问题思考

1. 从日语的道歉用语来分析日本人的心理。
2. 正确运用日语中的道歉用语和表达方式。
3. 归纳总结表达感谢的日语常用语。

任务四 会议和宴会用语

导言 一个快速发展的日本企业，必然是一个重视经营管理的企业，要增强企业的凝聚力，把重点工作做好，要通过各种大大小小的会议去沟通、解决，从而有利于公司的飞速发展。公司运作的同时也离不开与客户之间的互动和交往，这就凸显出在日企中宴会用语的重要性。作为日企中的职员，掌握日企中的会议和宴会用语，有利于工作的顺利开展。

本课任务

◎ 掌握商务日语中的重点会议词汇
◎ 灵活运用宴会用语
◎ 了解商务场合下会议和宴会等的注意事项

知识讲解

一、会议用语

(一) 常用词语

(1) 研讨会：セミナー

(2) 研究会：フォーラム

(3) 发言人：セッション

(4) 交流会：交流大会　(こうりゅうたいかい)

(5) 来宾：来客(らいきゃく)

(6) 特邀嘉宾：招待客(しょうたいきゃく)

(7) 一般客人：一般客(いっぱんきゃく)

(8) 出席：来場(らいじょう)

(9) 回信：返信(へんしん)

(10) 负责人：担当者(たんとうしゃ)

(11) 会议：会議(かいぎ)

(二) 常用句型

(1) 值此、正当时：…に当たり(当たりまして)

　　　　　　　　　…会を開催するに当たり

(2) 我简单地说几句：一言ごあいさつします。

　　　　　　　　ちょっとごあいさついたします。

　　　　　　　　ごあいさつさせていただきます。

(3) 感到高兴、荣幸：

　　　　　　　　…はまことに喜ばしいことです。

　　　　　　　　…は、私にとってまことにうれしいことです。

二、宴会用语

(1) 本日の歓迎会は、みなさまのために開催いたします。

今天的招待会是特别为诸位举行的。

(2) 皆さんご協力に感謝するためです。

这是为了感谢大家的帮助。

(3) 料理の準備が出来ました。

饭菜已经准备好了。

(4) どうぞテーブルにご着席ください。ご自由にどうぞ。

请入席，大家随意。

(5) ご自由にお好きなだけ召し上がってください。

请随意。

(6) どの料理がお好みですか。

您喜欢哪道菜?

(7) もう少しいかがですか。

再吃点怎么样?

(8) 熱いうちにどうぞ。

请趁热吃。

(9) もっとお召し上がりください。

请再多吃一点。

(10) 乾杯!

干杯!

(11) 素晴らしいお招きに感謝致します。

非常感谢您的盛情款待。

三、模拟会话

(一) 会话1

A：皆さん、おはようございます。本日はお忙しいところお集まりいただき、ありがとうございます。来月の展示会開催の準備に向けての企画会議を始めさせていただきます。

大家早上好，谢谢大家今天在百忙之中聚集在这里。请允许我召开有关下个月展示会开幕的企划会议。

(二) 会话2

A：どうぞたくさん召し上がってくださいね。

请多吃点。

B：ええ、遠慮なくいただいております。

嗯，我没客气，正在吃呢。

A：今日は食事ができて、本当にうれしいです。

今天能一起吃饭真开心。

B：こちらこそ、こんな素敵なお店にご招待をいただいて、ありがとうございます。

彼此彼此，谢谢您请我到这么好的地方来吃饭。

A：これからも仕事が成功しますように乾杯しましょう。

为了今后事业有成干杯！

B：乾杯！

干杯！

世界を見よう

知识拓展

日本的会议和宴会

日本企业之间或者公司内部经常会因为各种业务而召开各种大大小小的会议。除了公司正常业务需要而召开的会议之外，为了公司内外的发展也会有很多的宴会。

每日的早会是日本企业的一大特色，利用早会，可以说明新产品、新方法、新工艺，宣传公司各项政策、传播企业文化、培养好的习惯及行为观念、提升整个公司员工的素质。通过早会还可以检讨、分析与矫正品质，可以对过去工作加以回顾、总结经验、改正缺失，提升工作效率。

日本的企业还会为调动工作或退休的人举行"送别会(そうべつかい)"，为迎接新员工举行"欢迎会(かんげいかい)"，共同庆祝新年开始的"新年会(しんねんかい)"，互相慰劳的"忘年会(ぼうねんかい)"等各种宴会。

日本流行下班后同事一起去喝酒交流感情，上班的时候有什么不敢说的在吃饭喝酒的时候可以委婉地表达出来。日本人喝酒一般是全公司的人一起去，喝了好几家后才回去。可以去"居酒屋(いざかや)"、"餐馆(レストラン)"、"酒吧(バー)"等地。工作之外的喝酒聊天，虽然不是在单位但却是工作的延伸，同时也会在喝酒聊天中获取有价值的意见和建议，所以当受到同事或者上司的邀请时，应该尽可能地参加。

问题思考

1. 日语中的会议用语和宴会用语在不同场合的应用。

2. 从日本的酒文化分析日本人的特质。

任务五　委托和许可用语

导言　日语中委托和许可用语也是职场中最常用的语言表达。需要注意的是，日本存在着等级制度，对待不同地位的人使用的语言也是不同的。在日企中会经常遇到拜托同事和晚辈或者是上司和客户，作为在日企工作的中国人来说，如何正确表达对不同的人进行委托是非常重要的。同时对于对方的委托是许可还是拒绝，也需要考虑人的因素用不同的日语来表达。本课重点学习向不同地位的人如何进行委托，如何正确地表达接受和拒绝。

本课任务

◎　重点掌握委托用语和许可用语
◎　对待不同的对象的委托能够灵活回应
◎　了解日本的等级制度

知识讲解

一、委托用语

(一) 委托同事或者晚辈

(1) 申し訳ないんですけど、もう少し…てもらえませんか。
　　对不起，可以再……点吗？

(2) ちょっとお願いがあるんですけど。
　　有点事想请你帮个忙。

(3) ～さん、今、ちょっといいですか。
　　～先生，你现在方便吗？

(4) …てもらいたいんですけど。

　　想请你帮我……

(二) 委托上司

(1) 課長、今、ちょっとよろしいでしょうか。

　　课长，您现在方便吗？

(2) ちょっとお願いしたいことがあるんですが。

　　有件事情想请您帮个忙……

(3) 恐れ入りますが、…をお借りしたいんですが。

　　不好意思，想借一下您的……

(4) …をお願いしたいんですが。

　　想请您……

(三) 委托客户

(1) もう少し待っていただけませんか。

　　能请您再等一会儿吗？

(2) 今週中に、なんとかなりませんか。

　　本周内请想办法解决　好吗？

(3) …ていただきたいんですが。

　　希望您……

(4) そこをなんとかお願いします。

　　这还得拜托您想想办法。

二、许可用语

(一) 向同事征求许可

(1) これ、使ってもいい。

　　这个可以用一下吗？

(2) これ、コピーしてもいいですか。

　　这可以复印吗？

(3) これ、借りてもかまいませんか。

这个能借用一下吗?

(二) 向上司征求许可

(1) パソコンを使わせていただきたいんですが。
可以让我用一下电脑吗?

(2) パソコンを見せていただいてもよろしいですか。
可以让我看一下电脑吗?

(3) 課長、今ちょっとよろしいでしょうか。
课长,现在方便吗?

※「…させていただきたいんですが」是征求许可的表达方式。

三、回答委托和许可的用语

(一) 接受

(1) はい、わかりました。
好的,知道了。

(2) ええ、構いませんよ。
好的,没关系。

(3) もちろん、いいですよ。
当然可以。

(4) ご遠慮なくお使いください。
不要客气,请用吧。

(5) ご自由に。
请随便。

(二) 拒绝

(1) すみませんが、今、手が離せないんですが。
不好意思,我现在走不开。

(2) 今、ちょっと都合がわるいんです。
我现在有点不方便。

(3) ちょっと…

有点……

(4) …てはいけないことになっているんです。

……不可以。

※ 表示规章制度规定不允许的时候用 "「～ことになっている」(规定)" 这样的表达方式。

(5) 悪いんですけど、それは許可できませんね。

不好意思，这个不能同意。

四、模拟会话

(一) 会话 1

A：あのう、ちょっと、お願いしたいことがあるんですが。

不好意思，有事想请你帮忙。

B：なあに？

什么事？

A：この書類、翻訳してくれませんか。

这个资料能否帮我翻译一下？

B：ごめんなさいね。今、手が離せないのよ。

不好意思，我现在没空。

A：はい、分かりました。

知道了。

(二) 会话 2

A：課長、今ちょっとよろしいでしょうか。

课长，现在方便吗？

B：はい、何ですか？

什么事？

A：今週の木曜日、両親が大連に出てくることになったんですから、休ませていただきたいんですが。

这周四我父母要来大连，能让我休息吗？

B：ああ、そうか。じゃ、休んでもいいよ。

啊，是吗？好，休息吧。

A：申し訳ありません。ありがとうございます。

不好意思。多谢了。

世界を見よう

知识拓展

一、日语中的"拒绝"

在崇尚"以和为贵"的日本社会文化中，日语拒绝语的表达方式是人际交往中不容忽视的一环，尤其受到人们的重视。日语中的拒绝方式有以下几种：

(1) 直截了当的日语拒绝语：だめだ(不行)、いやだ(讨厌)、出来ない(不能)。

(2) 暧昧的日语拒绝语：もう結構です(不必了)、申し訳ないんですが，ちょっと…(实在抱歉，有点……)

(3) 拖延型的日语拒绝语：ごめんなさい、また今度(对不起，下次吧)；今日は無理ですが，明日なら何とか…(今天不行，如果是明天的话……)。

(4) 谎言型的日语拒绝语：ちょっと具合が悪いんです(有点儿不舒服)。

直截了当的拒绝语难以为对方所理解和接受，所以应避免使用。不论什么样的场合和目的，日本人的拒绝表达方式都是充分考虑到对方的感受而委婉、客气地拒绝。

上司对部下表示不允许的表达方式可以为：「だめですよ」(不行)、「無理ですね」(办不到)、「悪いけど…」(不好意思……)等说法。

二、日语中的"明白"

在日语表达明白的用语中针对不同的对象使用的语言也不同。如在公司内部用「わかりました」；对客户最好用「承知しました」。

商店或银行等的工作人员对客户会用更加礼貌的语言，如「承知いたしました」、「かしこまりました」等。

三、日语中的"可以吗"

「～てもいい？」(……可以吗？)是对同事以及关系亲密的人使用的，不可以对前辈以及上司使用。「…てもいいですか」、「…てもよろしいですか」、「…てもよろしいでしょうか」依次是更加礼貌的表达方式。

问题思考

1. 在"以和为贵"的日本社会文化中，如何正确表达拒绝？
2. 针对不同身份的人表达委托和许可应该注意哪些？

任务六　电话用语

导言　在商务交往中，电话起着至关重要的作用。而在日本公司中的接打电话的礼仪、用语和平时日常生活中的接打电话是完全不一样的。接打电话的过程看似很简单，但是通过几句寒暄或者无意中随口的回答就可能让对方感觉非常不礼貌，甚至惹怒对方。尤其是和不认识的人第一次通电话，不当的表达有可能让对方觉得十分失礼。所以，只有学习和掌握日企中接打电话的基本规范和语言表达，才能避免因电话中的用语使用不当而丢掉非常重要的客户或者生意。

本课任务

◎ 掌握日企中接打电话的基本规范和语言表达
◎ 正确应对接打电话时发生意料不到的情况

知识讲解

一、打电话

(一) 打通电话时

(1) 恐れ入りますが、営業部の田中課長はいらっしゃいますか。
不好意思，请问营业部的田中课长在吗？

(2) お世話になっております。私、大連商事の王と申しますが、田中様、お願いいたします。

承蒙您的关照。我是大连商事的小王。请找一下田中先生。

(3) 営業部の田中課長お願いしたいのですが。

请找一下营业部的田中课长。

(4) お昼休みに(お昼の時に)申し訳ありません。

对不起，在您午休时打扰了。

※ 尽量不在工作时间以外打电话。如果一定要打的话，要先说「(朝早く/夜分に/こんな時間に)、申し訳ございません」(这么早/这么晚/这个时候打电话很抱歉)，然后再切入正题比较好。

(5) お忙しいところ、恐れ入りますが、今、お電話よろしいでしょうか。

不好意思，在您很忙的时候给您打电话，您现在接电话方便吗？

※ 在对方很忙的时候打电话，要先这样向对方确认是否方便，然后再讲正事是比较礼貌的做法。

(二) 对方不在时

(1) それでは、もう一度お電話いたします。

那么、我再打电话吧。

(2) それでは、またかけ直します。

那我等一会再打。

(3) 何時ごろお帰りになりますか。

大约几点回来？

(4) いつごろお席にお戻りになりますか。

什么时候能回来？

二、接电话

(1) はい、大連商事でございます。

您好，这里是大连商事。

※ 工作中接到电话，不需要讲「もしもし」(喂喂)。在说完「はい」(您好)之后马上自报公司名、部门名以及自己的姓名。

(2) お待たせいたしました。大連商事です。

让您久等了。这里是大连商事。

※ 在公司里要做到不要让电话响 3 次以上。如果响了 3 次以上的话，要

先道歉说「お待たせいたしました」(让您久等了)之后再自报家门。如果响了5 次以上的话要说「大変お待たせいたしました」(非常抱歉，让您久等了)。

三、转接电话

(1) 担当者に代わりますので、少々お待ちください。

　　现在转给负责人，请稍等。

(2) 呼んで参りますので、少々お待ちください。

　　我去叫他过来，请稍等一下。

(3) 申し訳ありません。田中はただ今、他の電話に出ておりますが。

　　很抱歉，田中现在正在接另外一个电话。

(4) 申し訳ございませんが、王はただ今、接客中でございますが、後で、こちらからお電話いたしましょうか。

　　对不起，小王现在正接待客人，一会让他给您回电话吧。

四、模拟会话

(一) 会话 1

A：はい、大連商事の王でございます。

　　您好，我是大连商社的小王。

B：はい、営業部の田中です。

　　您好，我是营业部的田中。

A：お疲れ様です。

　　辛苦了。

B：お疲れ様です、周さんお願いできますか。

　　辛苦了，请您帮我转接一下小周。

A：少々お待ちください。

　　请稍等。

(二) 会话 2

A：はい、大連商事の王でございます。

　　您好，我是大连商社的小王。

B：はい、営業部の田中です。

　　您好，我是营业部的田中。

A：お疲れ様です。

　　辛苦了。

B：お疲れ様です。周さんお願いできますか。

　　辛苦了，请您帮我转接一下小周好吗。

A：申し訳ございません。あいにく周は会議中です。戻りましたらこちらから連絡差し上げます。

　　不好意思，小周正在开会，等他回来跟您联系。

B：では、よろしくお願いします。

　　那么、拜托了。

A：失礼いたします。

　　好的，再见。

B：失礼いたします。

　　打扰了。

(三) 会话 3

受付：はい、大連商事でございます。

您好，这里是大连商社。

小王：いつもお世話になっております。私、上海商事の王と申します。

总是承蒙您的关照，我是上海商社的小王。

受付：こちらこそ、お世話になっております。

彼此彼此，我也承蒙您的关照了。

小王：恐れ入りますが、営業部の田中課長、お願いしたいんです。

不好意思，请您帮我转接一下营业部的田中课长。

受付：申し訳ありませんが、あいにく田中は外出しておりますが。

很抱歉，不巧田中现在外出了。

小王：あ、そうですか。何時ごろお帰りになりますか。

啊，是吗? 几点回来呢?

受付：4時の帰社予定になっております。

预计是 4 点回来。

小土：わかりました。それでは、お電話いたします。

我知道了。那到时我再打吧。

受付：承知いたしました。そのようにお伝えしておきます。

我知道了。我会转告的。

小王：それでは失礼します。

好的，再见。

受付：失礼いたします。

打扰了。

※「お疲れ様です」是"辛苦了"的意思，是对公司内部的人使用的语言。

「お世話になっております」是"承蒙贵公司一直以来的关照和支持"的意思，是对公司外部的人使用的语言。

知识拓展

世界を見よう

一、接打电话的基本规范

表4-1

对　方	我　方
电话铃声响 (铃声3响以内要接)	「はい、○○会社でございます。」
对方没有自报家门	「恐れ入りますが、お名前をお聞かせいただけますでしょうか?」
对方说明身份	「いつもお世話になっております。」
请对方等候	「少々お待ちください。」
转接时需告知谁的电话	「○○様からお電話です。」
对方等候结束时	「お待たせいたしました。」
对方投诉电话或者不能 满足对方的要求	「申し訳ございません。」
表示理解并接受	「かしこまりました。」
挂电话 (先按挂断键，不要发出 大声音)	「失礼いたします。」 (接客户电话时或对方是客户，比自己地位高的，必须等 对方先挂电话后再挂；反之则是失礼的表现。)

二、如果对方找的人不能当场接电话

表 4-2

行　动	说　法
先道歉，再说明不能转接的理由	「申し訳ございません、あいにく○○は席を外しております。」 (外出中、会議中、電話中等等)
如果知道对方要找的人能几时回复，就要明确告知对方	「3時には戻る予定です。」 「まもなく戻ります。」
让对方找的人回电给对方	「戻りましたら、こちらから連絡差し上げるようにいたしましょうか。」
问对方的联系方法	「念のため、(もう一度)お名前とご連絡先を伺ってもよろしいでしょうか。」
对方有留言	「かしこまりました。」 「はい、承ります。」 (留言记录下来并和对方确认所及内容的正确性)
最后(结束语)	「わたくし、○○が承りました。」 (告知对方自己的姓名和身份，打个招呼)

问题思考

1. 打电话时遇到对方说话声音小，没有听清楚时该如何应对？
2. 接电话时要找的人不在，该如何应对？
3. 在公司接电话时先说"もしもし"合适吗？

第五章　日企商务信函

导言　在当今国际贸易竞争日益激烈的环境下，很多商务活动都是通过信函形式进行沟通与交流的，商务信函就成了国际间贸易来往的桥梁。随着中日贸易往来的增多，商务日语信函作为一种非常重要的交流载体，越来越受到重视。商务交流中的信息来往要求内容简单、重点突出。鉴于此，有必要对商务信函的书写和注意事项进行详细的分析，以利于推动中日商务交往的顺利发展。

▼ 本课任务

◎ 掌握日语商务信函的书写

◎ 掌握日文邮件的书写和注意事项

◎ 能够正确区分商务日语中日文信函和日文邮件的
   写作方法

知识讲解

一、日文的信函书写

日本的信件可以横着写，也可以竖着写。如下：

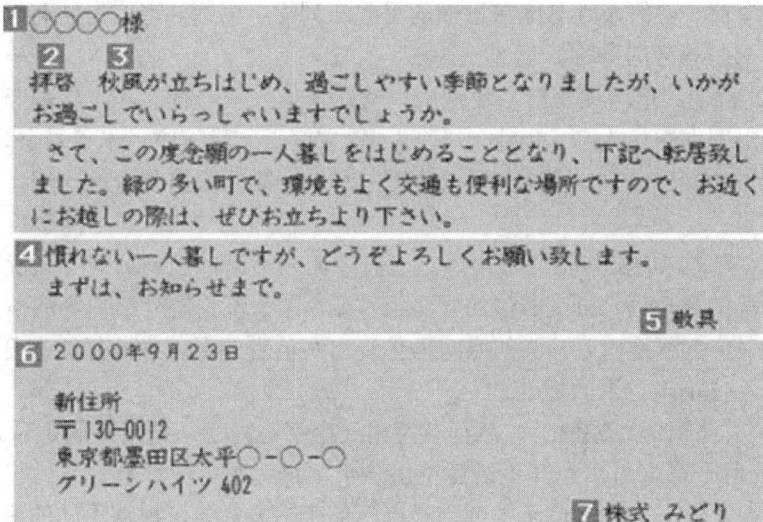

1 ○○○○様

2　3
拝啓　秋風が立ちはじめ、過ごしやすい季節となりましたが、いかが
お過ごしていらっしゃいますでしょうか。

　さて、この度念願の一人暮しをはじめることとなり、下記へ転居致し
ました。緑の多い町で、環境もよく交通も便利な場所ですので、お近く
にお越しの際は、ぜひお立ちより下さい。

4 慣れない一人暮しですが、どうぞよろしくお願い致します。
　まずは、お知らせまで。

5 敬具

6 2000年9月23日

新住所
〒130-0012
東京都墨田区太平○-○-○
グリーンハイツ402

7 株式 みどり

图 5-1

※1—收信人姓名；2—开头语；3—时令寒暄语；4—结尾寒暄语；5—结束语；6—日期；7—署名。

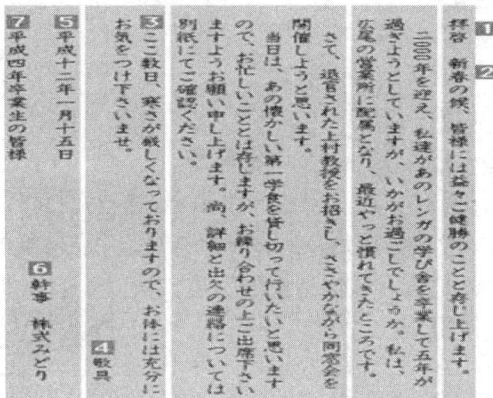

※1—开头语；
　2—时令寒暄语；
　3—结束寒暄语；
　4—结束语；
　5—日期；
　6—署名；
　7—收信人姓名。

图 5-2

信函书写的注意事项：

(1) 收信人姓名。信函横写时，收信人姓名应顶头书写；信函竖写时，收信人姓名则书写在最后，单起一列顶头书写。收信人姓名后还应按照公司职务书写相应的敬称。

(2) 寄信人姓名。信函横写时，寄信人姓名应在最后另起一行靠右书写；

信函竖写时,寄信人姓名则在日期后另起一列靠下书写。寄信人姓名后可以根据情况书写相应的谦称。

(3) 日期。信函横写时,日期应书写在寄信人上一行靠左。信函竖写时,日期需书写在寄信人前,单起一列顶头。日文信函一般按照日本年号书写日期,如:平城 15 年 1 月 1 日;也可按公历书写。一般公司内都有统一规定,可按规定书写。

(4) 前文。前文包括开头语、适应时令的寒暄语以及问候对方状况或报告自己近况的寒暄语。日文书信的开头很重要,因为不论写什么内容的信都会在开头向对方问候寒暄,开头的寒暄语体现出写信者的涵养和冷静的态度,是衡量信中礼仪正确与否的标准之一。

① 开头语即"頭语",从行首空出一个字符写起,结束不需句号。

② 时令寒暄语,在开头语后空出一个字符间距后同行书写或另起一行书写。时令寒暄语是日语信函中使用最广泛的寒暄方式。可根据不同的季节、月份书写适宜的寒暄语。

③ 其他寒暄语包括询问对方是否安康,以及自身近况介绍。注意应先问候对方再介绍自己的情况。一般紧接着时令寒暄语书写,可视不同情况或场合,书写适宜的寒暄语。

(5) 正文。空出 1 个格起开始书写,常使用"さて""実は"等词汇引出下文。

(6) 结尾。结尾包括结尾寒暄语和结束语。

书写结尾寒暄语时,另起一行,空出 1 个字符间距。

书写结束语("結语")时,另起一行,字体一般稍小,竖写时可以将结束语写在同一行的下方。横写时一般在结尾后,另起一行书写,并靠信纸的右侧,距离边缘一个格的间距。结束语是表示书信结束的标志,所以一般不能省略。结束语一般要与开头语相对应使用。

※ 在写贺年卡、慰问信、明信片时,如果信函中没有开头语,结束语部分也可以省略。此外,吊唁信函也不需要写结束语。

二、日文的邮件书写

日文邮件包括以下部分:

(1) 宛先「あてさき」:邮件地址。

(2) CC：抄送。

(3) BCC：秘密抄送。

(4) 件名「けんめい」：邮件主题。

(5) 添付「てんぷ」：附件。

(6) 宛名「あてを」：收信人姓名。

(7) 挨拶「あいさつ」：问候。

(8) 署名「しょめい」：署名。

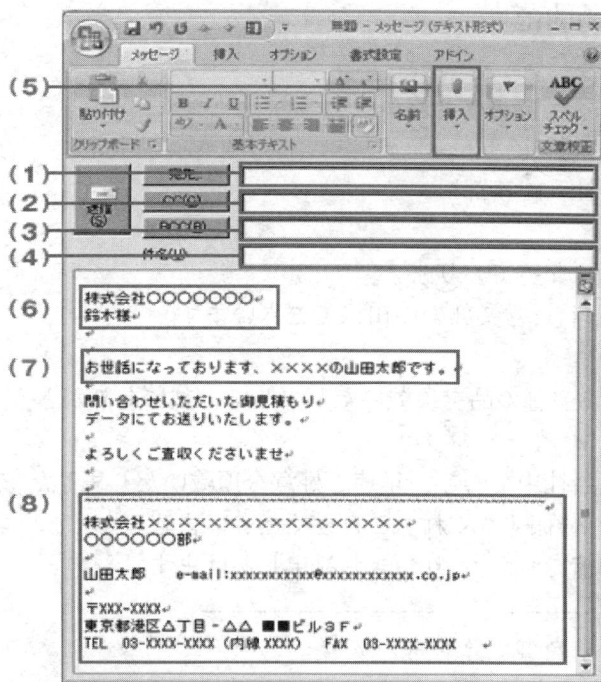

图 5-3

日文邮件书写的注意事项：

(1) 邮件地址栏的书写：应该避免出错，发送之前再次确认。

(2) 邮件主题的书写：要简洁明了、贴切邮件正文的内容，语句不能太过冗长。

(3) 附件的书写：有的邮箱对附件大小有限制，所以要分开或是压缩后再发送。

(4) 收信人姓名的书写：书写在正文的开头，在对方的姓之后加"様"。对方的姓名不能弄错，公司名称也不要省略，要写完整。

（5）正文的书写：语言要简洁明了，重要的内容放在前面；需分层次、有逻辑地进行说明；尽量少用符号，尤其是特殊符号；第一次给对方发邮件时，要对自己进行简单的自我介绍。寒暄语、客套话等相对较少，大多使用较简单的礼貌用语，或直奔主题。

（6）署名的书写：最好制作个人的署名，在邮件结束时插入即可。但对于经常有邮件来往的对象，署名可相对简单一些。

三、日文信函的范文

（1）范文 1

件名：お歳暮のお礼
○○○株式会社　総務部
田中様
いつもお世話になっております。
株式会社山田商事、営業部の山田緑でございます。

このたびは、お歳暮の品を頂戴いたしまして、誠にありがとうございました。

ご恵贈の品、会社中で喜び、早速ご好意を頂戴いたしました。
寒さ厳しさ折、皆様くれぐれもご自愛くださいませ。
メールにて恐縮ですが、とり急ぎお礼申しあげます。

株式会社　山田商事　営業部
山田　緑（ヤマダ　ミドリ）
〒564-9999
大阪府○○市△△町——
TEL：066-9999-9999（直通）

　　【参考译文】
　　主题：年终的感谢
　　××股份公司　总务部
　　田中先生：
　　承蒙您一直以来的照顾，非常感谢。

我是山田商会股份公司营业部的山田绿。

这次收到了贵公司精心准备的年终礼品，真的非常感谢。
您赠与我们的礼品让我们公司上下很是欢喜，感谢您的好意。
眼下还是严寒之际，请保重身体。

在此特发邮件表示感谢。

股份公司　山田商会　营业部
山田　绿
〒564-9999
大阪府○○市△△街
TEL：066-9999-9999(直通)

(2) 范文 2

件名：打ち合わせのお礼
○○株式会社　総務部
田中様

いつも大変お世話になっております。
株式会社 山田商事、営業部の山田緑です。

本日はお忙しいところ、ありがとうございました。
弊社の新商品について、田中様をはじめ、皆様から数々の有益なご提言をい
ただきましたことに厚くお礼を申し上げます。

今後ともどうぞよろしくお願い申し上げます。

株式会社　山田商事　営業部
山田　緑
〒564-9999
大阪府○○市△△町
TEL：066-9999-9999(直通)

【参考译文】
主题：商洽的致谢
××股份公司　总务部
田中先生

一直受到您的关照，非常感谢。
我是山田商会股份公司营业部的山田绿。
您今日能在百忙之中抽出空来实在感谢。
对于我公司的新产品田中先生以及诸位为我们提出了宝贵的建议，在此表示衷心的感谢。
今后也需要您的多多关照。

股份公司　山田商会　营业部
山田　绿
〒564-9999
大阪府○○市△△街
TEL：066-9999-9999(直通)

(3) 范文 3
件名：ご招待のお札
○○○株式会社　総務部
田中様

いつもお世話になっております。
株式会社　山田商事、営業部の山田緑でございます。

先日は御社主催のパーテイーにお招きいただき、ありがとうございました。
私も、楽しい一日を過ごすことができました。
今後も仕事で何かとお世話になると存じますが。
よろしくご指導、お願いいたします。
取り急ぎ、メールにてお礼申し上げます。

株式会社　山田商事　営業部

山田　绿
〒564-9999
大阪府〇〇市△△町
TEL：066-9999-9999（直通）

【参考译文】
主题：招待的致谢
××股份公司　总务部
田中先生

一直以来承蒙您的关照，非常感谢。
我是山田商会股份公司营业部的山田绿。

非常感谢，贵公司前几日宴会的招待使我度过了愉快的一天。
今后在工作上还会需要您的关照，今后也请多多指教。
在此表示深深的感谢。

股份公司　山田商会　营业部
山田　绿
〒564-9999
大阪府〇〇市△△街
TEL：066-9999-9999（直通）

世界を見よう　**知识拓展**

一、“书信”与“电子邮件”的区别

随着科技的发展，商务沟通和交流逐渐由电子邮件代替传统的“书信”。日本的“书信”和“电子邮件”也是有很大的不同。“书信”来往继承了日语的“书面语”传统，写法的规则也比较复杂。例如信封的书写、信件内容中的开头语、形式上的问候语句的写法等。而写电子邮件的时候，要求能用尽可能

简洁的语句来说明大意，写法也很注重实用性和效率。按照传统形式的写法反而是违反礼仪的。

二、"手纸文"的书写方式与原则

(1) 竖书形式：用于一般的私信及礼仪、社交色彩浓厚的公文文书及商用文书。

(2) 横书形式：除礼仪、社交色彩浓厚以外的公文文书及商用文书，近来几乎都采用横书形式。

(3) 一信一目的原则。

(4) 把对方当作就在眼前，应诚实、礼貌并充满热情。

(5) 书信尽管没有统一的格式，但有一定的规矩。因此，应该遵守这些规矩。

(6) 注意不要错过应该寄出的时间。复信、感谢信应尽快寄发。

(7) 写信之前应认真思考要写的内容，写完后务必再读一遍，做必要的订正。注意用字、用语，并杜绝错字、漏字或别字。尤其应该准确书写自己和对方的住址和姓名。

(8) 正确、简洁地写清你要说的事情。

(9) 无论哪一类信件，都应写明日期。

(10) 不能在同一信封里夹入写给不同对象的信，也不能在写给身份或地位比自己高的人的信中要求给他人传话。

问题思考

1. 在书写日文商务信函时应该注意哪些问题？
2. 根据不同的情况书写不同的商务信函。

第六章　日企就业指导

导言　到日本的企业实习与工作，人们几乎都向往 Panasonic(松下)、SONY(索尼)、TOYOTA(丰田)、CANON(佳能)这样的世界五百强知名跨国公司。二战后快速崛起的日本企业群，在 20 世纪 50～70 年代以它独有的文化底蕴称雄世界。特别是"团队协作精神"和"信誉至上理念"也在中国的社会各界产生了深远的影响。即将面临实习与就业的职业学校学生，要善于挖掘自身优点，积极地融入到日本企业的文化氛围中去，适应新的工作环境，迎接新角色转换带来的挑战。在不断的追求与探索中完善个人的职业生涯规划，为人生画卷增添斑斓的色彩。

本课任务

◎ 学习正确对待顶岗实习
◎ 了解日本企业实习和就业的准备工作
◎ 学习工作中的注意事项

知识讲解

一、正确对待顶岗实习

(一) 顶岗实习的含义

顶岗实习是学校安排在校学生实习的一种方式，是指在基本上完成教学实

习和学过大部分基础课之后，到专业对口的现场直接参与生产过程，综合运用本专业所学的知识和技能，完成一定的生产任务，并进一步获得感性认识，掌握操作技能，学习企业管理，养成正确劳动态度的一种实践性教学形式。

图 6-1

顶岗实习不同于其他实习方式的地方在于它使学生完全履行其实习岗位的所有职责，独当一面，具有很大的挑战性，对学生的能力锻炼起很大的作用，是《国务院关于大力发展职业教育的决定》中的"2+1"教育模式，即在校学习 2 年，第 3 年到专业相应对口的指定企业，带薪实习 12 个月，然后由学校统一安排就业。

(二) 顶岗实习的要求

学生在外实习时应时刻注意安全，避免危险事项。学生若需到外地进行实习，要经家长和学校同意批准。认真贯彻执行国家的有关方针政策，严格执行实习单位的各项规章制度，要像实习单位职工一样要求自己，以主人翁的态度对待实习环节。实习期间，严格按计划实习。

(1) 按实习大纲、实习进度计划的要求和规定，制定学生个人综合实习活动计划。

(2) 谦虚谨慎、尊重实践教学单位的领导、同事，服从工作分配，虚心向他们学习，主动协助做一些力所能及的工作，按时完成实习单位分配的工作任务。

(3) 注意精神文明建设，讲究文明礼貌，爱护公物，同时与实习单位搞好团结。

(4) 严格遵守学校学生手册规定的条款，在实习期间应做到不迟到、不早退，有事必须向指导教师办理请假手续。

(5) 实习期间如出现意外情况，应及时向指导教师、实习单位和系领导小组如实汇报并协助及时处理。

(6) 严格遵守保密要求，严格遵守职业道德。

(7) 实习中，要虚心学习，做好记录，写好实习日记。

(8) 实习回校后，认真填写实习报告，填写学校的《学生实习考核表》，并交给指导教师。

图 6-2

(三) 顶岗实习的意义

顶岗实习能够锻炼自我。对于接受正规职业教育的学生来说，就学期间会形成注重能力培养的思维方式。通过顶岗实习，使学生通过实习做到理论联系实际，充实和丰富所学的专业理论知识，培养发现问题、分析问题和解决问题的能力。参与顶岗实习，就是对自我的一次检验。

图 6-3

实习生既是尚未毕业的学生又是企业的实习员工，在这样的双重身份下，肩上的责任与义务也相应增加。

实习生个人的言行不仅仅代表了自身的处事态度，还直接关系到企业日常工作能否顺利展开。

> ✎　日本于 1997 年 9 月，由文部省、通商产业省以及劳动省共同颁发了《关于推进顶岗实习的基本方针》。由此，日本开始逐步普及顶岗实习制度的实施。到 2005 年，已经有约 12 万日本学生参加了这一实习活动。

二、做好在日本企业实习和就业的准备工作

(一) 做好心理准备

无论是实习还是工作，对于即将告别学生时代的职业院校学生来说，无疑都是值得期待的。对未来新生活的憧憬和对工作的向往，是学生在迈出校门时强大的心理动力。然而在兴奋之余，我们必须冷静下来，认真思考如何面对日后长期的工作生活。从心理上做好准备是顺利开展工作的基础保障。

图 6-4

(1) 积极搜索相关信息，初步了解企业的规模、制度、工作内容等，做到心中有数，知己知彼。

(2) 树立正确的人生观和价值观。

(3) 树立信心，迈出走向社会坚实的第一步。

图 6-5

(4) 要有角色转换的心理准备。顶岗实习之后，学生的身份即转为公司员工，严肃认真且原则性强的主管、经理替代了循循善诱的老师，陌生的同事关系替代了熟悉、亲密的同学关系。角色的迅速转变会使学生感觉很不适应，精神压力很大，产生了悲观失望的情绪。因此，一定要做好相应的心理准备，勇敢面对问题，努力认真工作，就会克服重重困难，走向成功。

(二) 就业信息的收集和应用

就业信息是指通过各种媒介传递的有关就业方面的消息和情况，如就业政策与形势、就业机构、供需情况、招聘活动及用人信息等。在现代社会中，就业不仅取决于毕业生的知识、能力、综合素质、社会经济需求等因素，还取决于个体所获取就业信息的质与量以及个体收集、处理、使用就业信息的能力。

图 6-6　就业信息的收集

毕业生在收集、整理、处理求职信息时，一定要注意信息的有效时间，争取及早对信息做出应有的反应，"机不可失，时不再来"这句话用在毕业生求职择业上也是具有现实意义的。对求职的应聘者来说，过时失效的信息，不仅

没有使用价值，而且还是有害的。它会使应聘者徒劳往返，浪费时间、精力和钱财。

近些年来，有些高校毕业生因为听信了虚假就业信息，上当受骗；有的被以培训费、违约押金等各种名目骗取钱财；有的被延长劳动时间，无偿使用劳动力；更有甚者，由于听信了虚假的就业信息，误入传销魔窟，被限制了人身自由。虚假信息的存在，要求高校毕业生对待就业信息要客观分析，冷静处理。要从正规渠道获取就业信息，对没有把握的就业信息不要轻易相信。

(三) 做好材料准备

一份优秀的简历会成为毕业生成功求职择业的助推器。个人简历是自己生活、学习、工作、经历、成绩的概括集锦，应认真、正确、完整地写好个人简历。

图 6-7

个人简历应当包括的基本要素有七个方面：

(1) 个人基本情况。如姓名、出生年月、性别、身体状况、联系方式(电话号码和 E-mail 地址)等。对日本企业可以不提供家庭住址、政治面貌这样的个人隐私。

(2) 教育背景。毕业院校、所学专业、主要学习科目，外语、计算机掌握的程度，相关证书、获奖学金等情况。

图 6-8

(3) 求职意向。对自己向往职业的地域、行业、岗位等方面的意向。

(4) 本人经历。主要是学习、社会职务或活动、社会实践等。

(5) 知识、技能。知识结构、外语和计算机水平。

(6) 个人特长及所获荣誉。包括个人兴趣、特长以及获得的三好学生、优秀团员、优秀学生干部等荣誉，参加各种竞赛所获奖项，获得的各种资格证书及奖学金等。

(7) 自我评价。总结自己良好的个性品质，如学习能力、沟通能力、解决问题的能力、适应能力、创新能力、团队合作精神、积极主动的工作态度、责任心、敬业精神、诚实热情等。

撰写简历时应注意的事项：

(1) 简短。简历不要太长，不要出现大段文字。

(2) 清晰。内容一目了然，使用简单、清晰易懂的语言，尽量不使用缩略语或学生中流行的时髦词汇。

(3) 整洁。

(4) 真实。既不夸张(自负)也不消极地评价自己(过分谦虚)，更不能编造。

简历投送的主要方式有本人直接送达、快件或信函投寄、利用网络投送等。本人直接送达要按照招聘单位指定的时间将自己的求职材料直接送达招聘官。此种方式能够有与招聘官初次面谈的机会，表达你选择用人单位的强烈意愿，为你在众多求职者中脱颖而出创造一个便利的机会。快件或信函投寄和利用网络投送，省时省力、节约招聘成本。

✎　其他求职材料：求职申请书一般由用人单位提供；求职信是毕业生针对招聘岗位而向用人单位进行自我推荐的书面材料。

三、面试技巧

(一) 几个关键问题

关键 1　简历背熟

面试前，需要多准备几份自己的简历，最好有中日文双份简历。简历尽量简单，写明姓名、年龄、性别、出生日期、职业经历及应聘原因。最重要的是一定要把日文简历背得滚瓜烂熟，语速参照日剧或日语新闻的速度，只能比其快，不能比其慢。否则，开场你就会被认为口语不好。

关键 2　一定用敬语

无论你的日语水平如何高超，此时还是稳重一点为好。记住，一定用敬语

与考官交谈，不要用简体语，免得给自己惹出不必要的麻烦。进门时，要和考官打招呼，说："百忙之中给您们添麻烦了。"出门时，切记要深鞠一躬，彬彬有礼地说："谢谢您，再见。"

关键 3　最正式的着装

不要以为是普通面试，就穿得很随便，这在日企中是行不通的。再热的天，男孩子也要西装革履，当然领带是必须要打的，头发更要整洁清爽。女孩子不能穿露肩装，起码要穿半袖衬衣。着正式裤装没什么不妥，若穿裙子，记得裙长一定过膝盖。不能化浓妆，清新淡雅的装扮最合时宜。

关键 4　必须练好的听力

面试中一定会碰到日本考官，他们一般会先介绍自己公司的概况，时间大约在 2 分钟左右。其实他们介绍的内容，公司简介中都有，你只要用心读，对考官说的话就不会陌生。平时听力不佳的同学，不用太紧张，其实考官问的话都差不多，你只要用心听懂以下问话，相信过关的机会就大了。

(1) 大学是在哪里读的？什么专业？

(2) 你出生在哪里？

(3) 以前的工作是做什么？

(4) 为什么不想在以前的公司做？

(5) 结婚了吗？

(6) 家庭中有哪些成员？

(7) 家住在什么位置？

关键 5　必须回答的问题

所有的日企都希望应聘者的日语水平为 1 级。如果你的水平是 2 级也没有关系，起码能顺利听懂和回答考官提出的问题。如果日语水平只有 3 级，那么你的知识就应该是专业性的。比如金融业、专业技术类。这类职业对日语的要求不是非常高，涉及专业性的问题，懂中文的日本考官，会用中文和你交流。为了保险起见，还是需要把必须回答的问题准备好。

(1) 你对应聘的职位有什么工作计划？

(2) 如果你已经被聘用，你想如何着手具体的工作？

(3) 你对薪水有要求吗？你希望的薪水是多少？

(4) 如果我们请你来工作，你还会有哪些要求？

如果上述 5 个关键你都做到，就会得到公司面试的机会。那时，接待你的不再是人事部主管，而是公司真正的领导层，应对方法基本同上。

(二) 日企人才薪酬概况

月薪一般在 2500～6000 元人民币之间,另有公司会给录用者缴纳"四金"。年终奖金、住房基金、住房补贴、伙食补贴、交通费、带薪休假等福利措施,也都非常周到。

(三) 面试时可能要提问的问题(面接の質問例)

下面给同学们试着归纳了一下面试时有可能提出的问题。希望大家能背下来,尽量准备得周全些。面试时并不是要求大家照本宣科地把背诵的东西复述出来,而是要仔细地听面试官的问题后,从大家背诵的内容里截取适当的部分进行回答。如果把没有关系的话都说了,那就意味着你没能理解提出的问题,会给面试的考官不好的印象。

(1) 自己紹介

(自我介绍)

自己紹介してください。

(请做一下自我介绍。)

自己 PR をお願いします。

(请进行一下自我评价。)

履歴書は自分で作ったんですか。

(简历是自己做的吗?)

(2) 学習について

(关于学习)

大学での専攻について話してください。

(请谈一谈在大学所学的专业。)

大学で何を勉強しましたか。

(在大学都学到了什么知识?)

コンピュータの勉強はいつやりましたか。

(什么时候开始学习计算机的?)

英語はできますか。英語で自己紹介してください。

(懂英语吗,请用英语做一下自我介绍。)

日本語の勉強状況について話してください。

(请谈一谈在日语的学习情况。)

勉強は得意ですか。

(擅长学习吗?)

日本に行くまでに、どうやって日本語の能力を高めるつもりですか。

(去日本之前，打算如何提高日语的水平呢？)

以前日本語を勉強したことがありますか。

(曾经学习过日语吗？)

(3) 経験について

(关于经历)

何という会社に勤めましたか。会社は何人ですか。いままで、経験について紹介してください。プロジェクト(管理、リーダとして)苦労したことは何ですか。

(曾经在哪个公司就职？公司有员工多少人？请谈一谈目前为止的经历。作为管理者或者负责人最辛苦的地方是什么？)

(履歴書)このうちどれが日本向けのシステムですか。

(简历里哪个是面向日本的？)

(4) 日本について

(关于日本的问题)

日本へ行ったことはありますか。

(曾经去过日本吗？)

日本の生活に不安はないですか。

(对于去日本生活有过担心吗？)

物価が高いが、文化も言葉も違うが、技術や仕事の仕方も違うが

(物价高、文化语言也不同、技术和工作方法也不同)

日本の印象はどうですか。

(对日本的印象如何？)

日本の会社のいいところ、悪いところについて。

(有关日本公司中好的方面和差的方面)

日本の会社についてどんなことを聞いていますか、知っていますか。

(听过有关日本公司的事情吗？了解日本公司吗)

どうして日本にいきたいのですか。

(为什么想去日本？)

どうして日本で働きたいのですか。

(为什么想在日本工作？)

どうしてアメリカへは行かないんですか。

(为什么不去美国呢？)

どうして日本のシステムを作りたいのですか。

(为什么想做日本的软件开发?)

日本でシステムを作るにあたつて目標はありますか。

(想在日本做软件开发吗?)

(5) 仕事について

(关于工作)

残業についてどう思いますか。

(关于加班你觉得怎么样?)

残業が多くても大丈夫ですか。

(加班很多也没问题吗?)

あまりやりたくない仕事を与えられたらどうしますか。

(如果给你很多你不想做的工作,你会怎么办?)

友だちがもっと条件のいい会社を紹介してくれたらどうしますか。

(如果朋友给你介绍了更好的公司,你怎么办?)

やりたい業務分野はありますか。どんな分野に興味がありますか。

(有特别想从事的领域吗? 是什么领域?)

ソフトウエア開発以外の仕事で日本へ行きたいですか。日本で仕事をしたいですか、中国で仕事をしたいですか。

(想去日本从事软件开发以外的工作的工作吗? 想在日本工作还是在中国工作?)

(6) 日中関係について

反日デモについてどう思いますか。

(关于反日游行你怎么看?)

最近の中日関係についてどう思いますか。

(关于最近的中日关系你怎么想?)

(7) 将来について

(关于将来的问题)

何年ぐらい勤められますか。

(能工作多少年?)

日本に何年ぐらいいたいですか。

(想在日本待几年?)

将来どんな仕事がしたいですか。

(将来想要做什么工作?)

10年後20年後どうしたいですか。

(10年后20年后想做什么?)

(8) 性格について

(关于性格)

自分の長所と短所を簡単に話してください。

(简单说说自己的优点和缺点。)

分からないことがあるときどう解決しますか。

(不懂的时候怎么解决的?)

コミュニケーションは得意ですか。

(擅长交流吗?)

(9) 家族について

家族はいますか。(結婚しているかの意味)

(关于家庭。是否结婚。)

結婚していますか。

(结婚了吗?)

彼女はいますか。

(有女朋友吗?)

結婚の予定はありますか。

(有结婚的打算吗?)

中国に帰らなければならないのはどんなときですか。

(什么时候必须回中国?)

(10) 要望、質問

(期待、问题)

何か当社への要望はありませんか。

(对本公司有什么期待?)

日本での仕事について何か質問はありますか。

(关于在日本的工作有什么问题吗?)

当社について聞きたいことはありますか。

(关于本公司还有还有什么要问的吗?)

(11) その他(実際に面接で質問はされていないがまとめておいたほうがよいと思うもの)

(其他)

仕事で大事なことは何だと思いますか。

(工作中你觉得比较重要的是什么？)

管理で大切なことは何だと思いますか。

(管理中什么比较重要？)

当社のどこに興味がありますか。

(对本公司哪方面感兴趣？)

どうして当社に応募したのですか。

(为什么来本公司应聘？)

この仕事を選んだのはなぜですか。

(为什么选择这份工作？)

この業界で働こうと思うようになったきっかけは何ですか。

(让你想来工作的出发点是什么？)

当社に対してどんな印象をお持ちですか。

(对本公司有什么样的印象?)

なぜ転職したいと思うようになったんですか。

(为什么想换工作?)

いまの会社ではどんな仕事をしていますか。

(在现在的公司做什么样的工作?)

当社に入社したら、どんな仕事をしてみたいですか。

(如果进了本公司，您想做什么样的工作?)

あなたの長所と短所をあげてください。

(请说一下你的优点和缺点。)

残業があってもかまいませんか。

(可以接受加班吗?)

勤務地はどちらを希望しますか。

(上班的地方希望在哪里?)

給与はどれくらいをご希望ですか。

(期望中的薪水大概是多少?)

いつごろ入社できますか。

(大概什么时候可以进公司?)

(四) 面试中的基本礼仪

(1) 遵守时间。

要提前 5～10 分钟到达面试地点，以表示诚意，给对方以信任感。

(2) 进入面试场合时不要紧张。

如门关着，应先敲门，得到允许后再进去；开关门动作要轻；见面时要向招聘者主动打招呼问好致意，称呼应当得体；在用人单位没有请你坐下时，切勿急于落座；用人单位请你坐下时，应道声"谢谢"；坐下后保持良好体态；离去时应询问"还有什么要问的吗"，得到允许后应微笑起立，道谢并说"再见"。

(3) 对用人单位的问题要逐一回答。

对方给你介绍情况时，要认真聆听；回答主试者的问题，口齿要清晰，声音要适度，答话要简练、完整；一般情况下不要打断用人单位的问话或抢问抢答；问话完毕，听不懂时可要求重复；当不能回答某一问题时，应如实告诉用人单位；对重复的问题也要有耐心，不要表现出不耐烦。

(4) 在整个面试过程中，需保持举止文雅大方，谈吐谦虚谨慎，态度积极热情。

(五) 面试语言运用的技巧

面试场上你的语言表达艺术标志着你的成熟程度和综合素养。对求职应试者来说，掌握语言表达的技巧无疑是重要的。那么，面试中怎样恰当地运用谈话的技巧呢？

(1) 口齿清晰，语言流利，文雅大方。

(2) 语气平和，语调恰当，音量适中。

(3) 语言要含蓄、机智、幽默。

(4) 注意听者的反应。

✎　应试者手势运用技巧——表示关注的手势。

一般表示关注的手势是双手交合放在最前，或把手指搁在耳下；或把双手交叉，身体前倾。

(六) 回答问题的技巧

(1) 把握重点，简洁明了，条理清楚，有理有据。

(2) 讲清原委，避免抽象。

(3) 确认提问内容，切忌答非所问。

(4) 有个人见解，有个人特色。

(5) 知之为知之，不知为不知。

四、工作中的注意事项

(一) 毕业生就业过程中的几个常见问题

(1) 就业期望值过高。毕业生普遍要求就业单位工资待遇要高、工作环境要好，选择自己专业对口的企业。

(2) 就业的前瞻性意识差。只顾眼前利益，缺少超前意识和发展眼光。

(3) 就业的主动性心理差，依赖心理强。

(4) 存在就业自卑或过于自信心理。一些学生对就业缺乏自信心，认为前途渺茫，不知所措，还有些学生过于自负，跃跃欲试，准备大展才华。

(5) 年龄偏小，心理不成熟，为人处事的能力较差，缺乏团队合作精神。

(6) 任性娇气、存在畏难怕苦心理。

(7) 不注重金钱的积累、缺少自主创业意识。

(二) 工作过程中注意安全

(1) 工作时的自我管理，要树立安全意识和自我保护意识，严格按规程进行操作，不断提高职业道德素养和专业技能水平。

(2) 作为公司职员，有权利监督自己的个人信息是否被企业外露。同时，也要遵守相关规定，不对外界泄露企业以及客户的重要信息。

(3) 在参加工作的初期，由于不熟悉新环境，会多发安全问题。如通勤时的交通安全，要避免乘坐私人运营的非法车辆，早上提前出门，避免交通高峰时上班。在岗期间注意个人贵重物品的保管可以避免不必要的矛盾与麻烦。离开岗位时要随身携带好个人物品，以免丢失后对工作带来负面影响。

(三) 处理好复杂的社会人际关系

实习与工作，都意味着学生要迈向更广阔的社会环境，没有了学校环境的简单纯洁，取而代之的是同事关系、上下级关系和与客户的服务关系。协调、融洽人际关系的原则是以诚待人，诚信做事。现代社会的发展，注重人与人之间的合作。诚实既包括客观评价自己与他人，坦率地表露心迹，也包括待人赤诚相见。诚实、守信的人最容易被社会所接纳，背信弃义的行为是人们所不齿的。

(四) 控制好情绪

工作期间要学会控制自己的情绪，学会宽容与忍耐，摒弃自私自利与霸道。

强调在处理人与人之间的关系方面，应采取谦和忍让的态度，消除偏激，避免将矛盾激化。同时，要提高自己的道德修养。学会尊重别人，讲究礼貌礼仪，从小事做起，养成文明交往的良好习惯，使自己的人际关系处于一种和谐、温馨、真诚的氛围之中，为自己事业迈向更高阶梯奠定良好的基础。

知识拓展

职业生涯规划是指针对个人职业选择的主观和客观因素进行分析和测定，确定个人的奋斗目标并努力实现这一目标的过程。换句话说，职业生涯规划要求根据自身的兴趣、特点，将自己定位在一个最能发挥自己长处的位置，选择最适合自己能力的事业。职业定位是决定职业生涯成败的最关键的一步，同时也是职业生涯规划的起点。

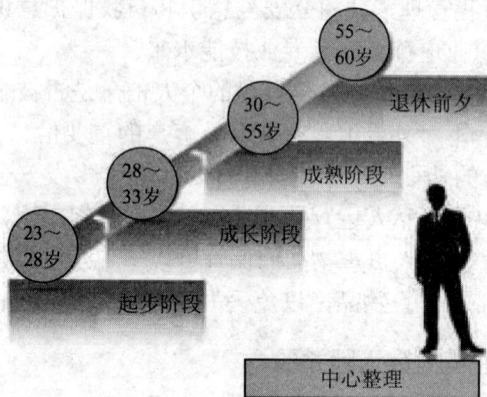

图 6-9

1. 职业生涯规划的基本类型

职业生涯规划的期限一般划分为短期规划、中期规划和长期规划。短期规划为三年以内的规划，主要是确定近期目标，规划近期要完成的任务。中期目标一般为三至五年，在近期目标的基础上设计中期目标。长期目标其规划时间是五年至十年，主要设定长远目标。

图 6-10

2. 职业规划的主要目的

第一个目的是找到适合自己的工作，找工作最重要的就是要人岗匹配、适合自己。每个工作都有长处和短处，每个人都有优势和劣势。分析、定位是职业生涯规划的首要环节，它决定着个人职业生涯的方向，也决定着职业生涯规划的成败。求职之前先要进行职业生涯规划，进行职业生涯规划之前先要进行准确的自我定位。先要弄清自己想要干什么、能干什么，自己的兴趣、才能、学识适合干什么。可以通过可靠的量表工具评估职业倾向、能力倾向和职业价值观，这是职业生涯规划的基础。职业规划就是根据测评结果的各项指标，以及自身的学历、经历、能力，了解一个人的内在、外在优势，并且把这些优势整合在一起，作为职场上打拼的核心竞争力。然后，由咨询师根据南北市场、行行业业的千千万万个职位进行分析，找到这个人岗匹配的匹配点，也叫职位切入点。

第二个目的是为了通过规划求得职业发展，制定出今后各个阶段的发展平台，并且拿出攻占各个平台的计划和措施，然后由咨询师对切入点的所在的市场状况、行业前景、职位要求、入行条件、培训考证、工作业务、薪酬提升、行业英语等运作进行详细的指导，如：要上哪个平台，需要多长时间，补充哪些知识，增加哪些人脉等，而自己则沿着主干道去充电，几年后成为业内的精英，从而使自己的薪水和职位得到提升。

3. 如何给自己做一个科学的职业生涯规划

许多职业咨询机构和心理学专家进行职业咨询和职业规划时常常采用的一种方法就是有关 5 个 "W" 的思考模式。

第一个问题 "我是谁？" 应该对自己进行一次深刻的反思，有一个比较清醒地认识。

第二个问题 "我想干什么？" 是对自己职业发展的心理趋向的检查。每个

人在不同阶段的兴趣和目标并不完全一致，有时甚至是完全对立的。但随着年龄和经历的增长而逐渐固定，并最终锁定自己的终身理想。

第三个问题"我能干什么？"则是对自己能力与潜力的全面总结，一个人职业的定位最根本的还要归结于他的能力，而他职业发展空间的大小则取决于自己的潜力。对于一个人潜力的了解应该从几个方面着手去认识，如对事的兴趣、做事的韧性、临事的判断力以及知识结构是否全面、是否及时更新等。

第四个问题"环境支持或允许我干什么？"这种环境支持在客观方面包括本地的各种状态比如经济发展、人事政策、企业制度、职业空间等；人为主观方面包括同事关系、领导态度、亲戚关系等，两方面的因素应该综合起来看。

第五个问题"自己最终的职业目标是什么？"将自我职业生涯计划列出来，建立形成个人发展计划书档案，通过系统的学习、培训，实现就业理想目标。

图 6-11

问题思考

1. 简单谈谈实习与就业前应该做好哪些准备？
2. 我们如何制定职业生涯规划？

第七章　就业案例分析

导言　受全球经济不景气影响，日本很多大企业在裁员，减少人员招募。据国际劳工组织最新发布的就业报告显示，经济危机远远还没有结束，日企的就业岗位还没有恢复到危机前的就业形势。如此不乐观的经济形势，对我们的中职商务日语专业的学生的就业提出了更高的要求。我们如何在面临困境的时候在众人之中立于不败之地呢？本章我们从一些就业案例中去寻找答案。

本课任务

◎ 了解严峻的就业形势
◎ 通过案例学习掌握就业面试的要领和技巧

知识讲解

一、就业形势的严峻性

受全球经济不景气影响，欧洲债务危机及美国需求不旺盛等多重因素影响，很多大企业在裁员，减少人员招募，小企业的关闭导致　部分人下岗，必须重新就业。另外社会发展带来的社会生产力的提高，劳动生产率的提高，意味着就业形势的严峻。我们知道，各个企业由于竞争激烈，不断进行技术创新，导致原来三人做的事情，现在一人做完还很轻松，这就不得不导致我们要接受老板给我们送来的"鱿鱼"，只好下岗。

我国目前有 13 亿人口，是世界上人口最多的国家，有 7.5 亿劳动力，相当于所有发达国家劳动力资源的总和，劳动力资源供大于求的状况将长期存在。如果不能正视这一现实，就可能放弃不可多得的就业机会，职业生涯发展就难以起步。

图 7-1

我们应该调整就业期望值，找准坐标，从低端就业起步，从低层次岗位做起，不应梦想通过一次就业就谋取到理想的工作岗位。中职生要善于发挥自己的就业优势。与大学生比，中职生有务实的就业观和动手能力强的优势，而绝大多数岗位需要动手操作能力强的高素质劳动者和技能型人才。中职生所学专业对应的职业群既有适合横向发展，拓宽择业面和转岗的职业群，又有适合走纵向发展，能够晋升的职业。因此，中职生在面对就业难的形势不要气馁，要充分发挥自己的优势。

案例故事

客房部出了个小日语教师

商务日语专业的小汤被学校安置在一家大酒店客房部实习，她看到在餐饮部、咖啡厅、前台实习的同学，身着漂亮时尚的套装，而自己穿的却是土黄色的工作服和老气的黑布鞋，感到十分失落。

　　小汤工作的楼层在第三十层，是供外宾专用的客房，在校时学习的日语，既让小汤与日本人能够比较顺畅地进行交流，又让她发现了自己的不足。她一方面利用闲暇时间充电，一方面抓紧机会，尽量多与日本人交流。不久，部门主管惊喜地发现身边有一个口语娴熟的小姑娘，就让她参与处理有关外宾的实务，还让她培训本部门的同事，这让小汤把以前的失落感抛到了九霄云外。

　　小汤精湛的日语口语、积极的工作态度和骄人的业绩引起酒店领导的重视，不但提前签约成为正式员工，而且很快就升任领班。

温馨领悟：

　　找到一份工作是职业生涯的第一步，业绩靠辛勤的努力去获取，发展要脚踏实地。小汤并没有羡慕嫉妒别人，而是通过个人的努力刻苦，持之以恒，达到了自己的目标，赢得了发展。

　　就业的严峻形势要求我们学生既要争取在适当的条件下选择适合自己的岗位和符合自己规划的工作，又要正视就业难的残酷现实。应当珍惜机会，先解决自己的生存问题，再积累经验和提高能力，选择自己的理想岗位。

　　当就业目标与现实需求发生矛盾的时候，不妨先改变自己的择业目标，争取及时就业。然后在新的就业领域去寻找机会，培养兴趣，积极创造条件继续走向自己的长远目标。

　　择业是从业者提高就业质量，调整发展方向的好机会，就业几年后才是择业的最佳时期，因为这个时候能发现自身更多的潜质，对发展方向有更理性的认识，这是和个人的可持续发展分不开的。

【名言】

　　选择职业就是选择将来的自己。

——罗素

图 7-2

二、树立正确的职业理想

　　职业理想是人在职业活动中，追求工作、事业发展的动力来源。有了正确

的职业理想，才能展望未来，珍惜现在，才能自觉地目标明确地锤炼和提高自己。志不立，天下无可成之事。立志是规划职业生涯的起点，反映一个人的胸怀、情趣和价值观，在很大程度上决定一个人成就的大小。只要我们脚踏实地地对待现在，充满激情地向往和追求美好的未来，就能主宰自己的命运。

中职学生是未来的劳动者，是社会发展的潜在动力。应严格要求自己，树立明确的职业理想，培养良好的职业道德，努力学习，掌握专业知识和技能，成为高素质的劳动者和技能型人才。步入社会后，在企业和行业中脱颖而出，为国家和社会贡献一份力量。人的职业生涯像一场长跑，坚持到底并赢得胜利，需要的不仅是毅力，还有坚定的信念。理想，特别是职业理想是职业人的信念之源、动力之源。只有那些明确职业理想的高素质的人才，才能为自己创造一个成功的人生，为社会创造一份财富。

案例故事

梦想由我编织

方童是一个品学兼优但身体比较柔弱的女学生，她的理想是当一名日语教师。为此，她放弃了银行优厚的待遇和工作环境，到她心仪的一所中职学校去面试。由于这所学校所需要的是有工作经验的男性教师，所以，以她的条件，是不符合学校的用人要求的。不过，方童并没有放弃，她准备以自己的真诚和实力打动校长的心。第一次面试失败了。当她回到家中时，接到了那所学校的电话，这次是征求她的意见，问她是否愿意到这所学校去应聘校长办公室的秘书。她毫不犹豫地同意了。

方童在成功地做着校长办公室秘书的同时，没有放弃要做一名日语教师的理想。她一边做秘书工作，一边听"晚上班"的课，认真做听课笔记，用心写听课心得和对老师教案进行研究。过了一段时间，当她再次向校长表明自己想当老师的心愿时，正准备出差的校长让方童做 10 份日语教学提纲，如果考查合格，就录用她为这所学校的任课老师。方童做的教学方案得到了校长的认可，但接下来，她还要在学校的老师面前试讲，经老师们考查合格后才能成为一名教师，老师们指出了她试讲中的不足，也充分肯定了她的优点。通过锲而不舍的努力，方童终于如愿以偿，当上了教师。

温馨领悟：

　　坚强是一种品格，坚持是一份信念。很多人为了自己的理想坚持了很久，不论他们最终能否实现自己的理想，这个过程应该是值得每一个奋斗的人永远珍惜的，也是值得每一个未曾奋斗过的人认真学习的。定位准确的职业理想，并为之付出相应努力，才能成功。

【名言】

　　理想是指明灯。没有理想，就没有坚定的方向，没有方向，就没有生活。

——列夫·托尔斯泰

图 7-3

案例故事

中职学生当上了部门负责人

　　小杨带着中考失利的懊恼进入了一所职业学校，学习商务日语。当时的她对未来根本没什么想法，认为不过是混 3 年，拿个文凭，将来找个工作。

　　在老师们的引导下，她认识到不能这样浪费青春，应该好好地规划自己的人生。她为自己定下一个目标：成为一名日企蓝领。从此，她开始朝着这个方向努力，变得乐观积极、努力进取。毕业后小杨进入一家日企，做了一名普普通通的日文数据录入员，工作单调、乏味，经常周末加班，工资收入不多。但是她并没有失落，仍然牢牢记住自己的职业理想。她清醒地告诫自己：刚毕业的中职学生不应该好高骛远，应该好好地干自己目前的工作。理想不是一朝一夕就能实现的，要靠持之以恒的努力。

　　她一步一个脚印地在职业生涯道路上攀登，从底层做起，在参加工作 7 年后成为一名部门主管，成为蓝领中的佼佼者。成功的起步，预示着更成功的未来。她一定会取得更大的成功。

以上介绍的是比较成功的个人案例，反之没有职业理想，当一天和尚撞一天钟，得过且过，生活没有了动力，最终什么事情也不会成功的。那时候我们就会对自己的人生丧失信心。

温馨领悟：

　　如果对于未来充满信心和憧憬，树立实事求是的、定位准确的职业理想，并为之付出相应努力，中职生就能成才，为国家经济建设贡献力量。小杨的成功在于职业理想定位准确，从而有了奋斗的动力。

三、职业资格证书与职业生涯发展

随着技术进步的加速，用人单位对复合型人才的需求大幅度增加，有多个职业资格证书的毕业生，往往受到青睐。如果一名日语专业毕业生，不但持有秘书、速录师证、计算机等级证书，还有日语等级证和驾驶证，不但择业面宽，而且今后晋升的机会也多。

取得多个职业资格证书，不但能扩大择业面，增加就业机会，而且能大大提高择业过程中的主动性，使自己既具备第一岗位的任职能力，又具备转换岗位的适应能力。在同一职业群或相关职业群中，有不少职业的资格标准相通，往往有不少共同的理论知识和操作技能要求。在学好学校开设的专业课的基础上，只要考取一种职业资格证书，再考取相关职业的资格证书就能节省许多精力，在时间投入上往往会收到事半功倍的效果。

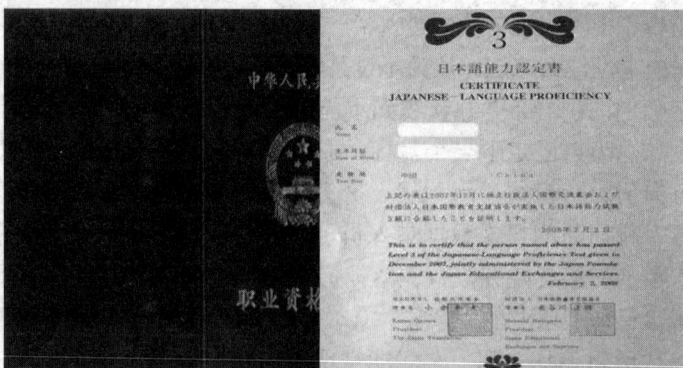

图 7-4

考取证书既需要投入金钱，又需要投入相当的精力和时间，所以多取证不等于乱取证。中职生应分两步决定自己的取证种类和级别：第一步确定应取的

证书的种类，根据自己所学专业和求职意向，在众多证书中选择，哪些是必取的，哪些是选取的。第二步确定每种证书的级别，求职主方向的证书级别应在中级或中级以上，辅方向为中级或中级以下，能取得"入门"资格就行。在竞争激烈的市场就业环境中，中职生的优势不是学历，而是实践能力。证明这一优势的重要凭证是职业资格证书。职业资格证书能证明持证者具有从事某一职业所必备的学识、技术和能力，对中职生就业有特别重要的意义。中等职业学校的学历证书是持证者职业素质得到全面提升的证明，职业资格证书则是持证者有能力胜任某个岗位的凭证。中职生应该按"两种证书"的标准，完成在中等职业学校的学习任务。

案例分析 1

　　小叶和小邵是软件对日 BPO 专业的同学，在校期间都领到了计算机等级证书和日语 N4 等级证。毕业时，小叶四处奔波，很长时间也没找到录用单位，而小邵却马到成功，求职一次就被录用了。小叶去找小邵请教求职的诀窍。还没进门，就看见小邵穿着工作服坐在小货车里发动汽车，他惊奇地跑过去问："你什么时候学会开车了？"小邵笑眯眯地说："去年夏天，晒脱了一层皮，换来个驾驶证。"小叶看着小货车，羡慕不已，要小邵带着他转一圈。小邵说："上来吧！我正好要去和客户去谈判。"小叶坐在小邵旁边说："我也到你们公司求过职，人家没要我，你真有运气。"小邵回答："因为我既有计算机等级证、又有驾驶本，经理才答应考虑考虑，当我又递上速录员的证时，经理当时就拍了板。以前需要好几个人的活，现在我一个人全办了，经理还专门批给我补贴呢！"小叶惊奇地问："你是怎样弄到了速录员证的？"小邵说："我利用晚上和双休日参加了个短训班，没费太大劲就把证考下来了。"小叶听了这段话后，后悔地直捶自己的脑袋：自己在学校上学的这三年，白天轻松，晚上不累，暑假迷上了钓鱼，双休日都用来上网玩游戏，虚度时光，现在却面临无法就业的困境。

图 7-5

案例分析 2

　　小刚学的是计算机专业,在校期间就率先考取了计算机中级操作员职业资格证书,并先后两次在市计算机专业技能比赛中荣获一等奖。毕业后,小刚到一家日本公司做笔记本电脑销售。但这并不是他的目标,他喜欢的是计算机网络技术,想通过 MCP 认证。同学劝他:"你现在的工作不是挺好吗? MCP 那么难,中职毕业生能考过吗?"在他看来,机会一定要自己创造,多考一张职业资格证书,算是给自己的职业多买一份保险。两个多月的培训,小刚瘦了很多,但终于成为培训班第一个通过认证的学员!小刚跳槽到一家网络公司做网络管理员,把公司的服务器、路由交换器管理得井井有条,他的出色表现得到公司上下的一致认同。在此期间,他又考取了"微软认证数据库管理员"、"微软认证软件开发专家"、"思科认证网络工程师"、"思科认证网络设计专家"以及"ORACLE 认证工程师"等证书。机会垂青有准备的人,凭着出色的技术和丰富的经验,小刚先后被任命为公司的售后工程师、现场工程师、售前工程师。作为售前工程师,他负责网络方案设计,在多次竞标较量中,为公司赢得了中标机会,同时也赢得了对手的尊重。小刚所在的公司不断发展扩大,他的职位也上升为集团公司技术总监。目前,小刚正带领着自己的团队,投入到地铁建设项目中······

四、能力及其提高对职业发展的作用

　　能力往往是我们评价一个人的重要标准。从心理学角度看,能力指顺利地完成某种活动所具备的稳定的个性心理特征。能力直接影响人们工作和学习的效率。

　　每个人的能力都是不同的。也许一个人开始时不具备某种职业能力,但只要他在职业实践中刻苦努力,职业能力不但可以获得发展和提高,还有可能挖掘出潜能。

　　有一个平时不爱说话的女同学,在班里是个被人指挥的"配角",但她很羡慕能在大庭广众之下演讲的同学,羡慕有组织能力的班干部。她意识到工作后缺乏语言表达能力和组织能力将失去很多机会,于是开始在小组会上积极发言,为参加演讲比赛一次次地对着镜子训练,并从组织同学出板报开始,锻炼

自己的组织能力。终于，她不但在演讲比赛中获了奖，而且渐渐展现出了较强的组织能力。

对照以下9种能力，看看自己哪种能力最强，哪种最弱，试着按从强到弱把自己这9种能力排序；再从你所学专业对应职业群中选三个职业，说说这些职业是否需要具备这9种能力，并选出应排在前三位的能力。

(1) 一般学习能力。指人认识、理解客观事物并运用知识、经验等解决问题的能力。它包括记忆能力、观察能力、注意能力、想象能力、逻辑思维能力，核心是逻辑思维能力。

(2) 语言能力。指对语句、句子、段落、篇章的理解和使用能力，以及清楚而正确地表达自己的观念和向别人传达信息的能力，包括书面、口头两种形式。

(3) 算术能力。指迅速而准确地进行运算的能力。

(4) 空间判断能力。指理解几何图形，识别物体在空间运动中的联系，解决几何问题的能力。

(5) 形态知觉能力。指正确而迅速地感知物体或图形的细微差异的能力。

(6) 文秘能力。指对言语或表格式的材料具有知觉细节的能力，发现错别字(含数字)和正确地校对的能力。

(7) 眼手协调能力。指眼和手迅速准确和协调地做出精确的动作和运动反应的能力。

(8) 手指灵活能力。指手指迅速而准确地活动和操作小的物体的能力。

(9) 手的灵巧能力。指手灵巧而迅速活动的能力。

【名言】

一个人的价值，应该看他贡献了什么，而不应该看他取得了什么。

——爱因斯坦

图7-6

五、适合你的才是最好的

(一) 为什么想要选择此专业

学生们在选择专业时往往会受到来自他人的意见干扰，通常这些影响来

自其家庭成员，他们往往会给出类似"该专业有前途"的结论，从而影响学生的专业选择。对于大多数的学生来讲，这已成为了一个普遍存在的现象。往往学生所选择的专业，要么是其父亲或母亲所从事的专业，要么就是父母认为将来能带来高收入的专业，而事实上，学生本人对此并不感兴趣，如果不考虑其他因素，学生根本不会选择此专业。因此，在确定专业前，不妨认真独立地思考一下"我为什么选择这个专业"，以期做出最适合自己心愿的选择。

(二) 对此专业是否有足够的了解

学生在进入正式的课程前，可能会觉得有些专业听起来很不错，在某些情况下，是因为你从未涉足过该领域或者你根本不清楚这一学科所要涉及的具体内容；在另外一些情况下，则可能是因为你没有预料到进入到大学后其相关课程的难度和深度，尽管你曾经学习过一些该领域的知识，甚至还学得不错。因此，不要急于决定自己的专业，而是应该多参加一些具有代表性的课程，即该领域的高层次课程，或者与在该领域做的比较不错的长者进行交谈，然后再做决定。

图 7-7

(三) 这个专业的要求

有些专业乍看还是蛮有趣、蛮吸引人的，可当你真正了解了你将要面对的所有课程后，就不是这么一回事了。金吉列留学吴慧晶老师说，儿童心理学似乎很吸引人，但当你接触到认知心理学、非正常心理学、社会心理学以及统计

学等必修课程时，可能会对自己将心理学作为首选专业感到怀疑。虽然这并不意味着因为一两门不喜欢的课程你就应该放弃该专业，但你也可以在充分评估和认识自己的基础上，重新做出选择。因此，学生们不妨在专业确定之前，认真而细致地了解具体专业的相应学科要求。这个在学校的官方网站上都有详细的介绍。

(四) 此专业的就业机会

多数学生在选择专业时会考虑自己将来的就业问题，这也仅仅是以眼前的就业现状做参考，其实他们更应该考虑的是，在 2 年或 4 年后，他们完成学业时，当时的社会就业状况将会是怎样的。这个可以从求职网上去找到信息。

(五) 此专业是否是将来职业生涯的唯一正确的选择

我们通常能看到学生所选择的专业偏离了其最初的职业生涯目标，例如，梦想成为一名大学教授，可选择的课程却是为了将来成为一名小学教师，这对学生来说无疑是一种悲哀。因此，不妨从指导教师或就业指导中心多了解一些信息，以确保所选专业为自己将来的职业生涯服务。

(六) 是否擅长于此专业

有些行业听上去很时髦，如分子生物学家、作家、国际新闻记者等，但如果你没有这些方面的才能，即便有机会成为其中的一员，也无法做得很出色，常常会遭受挫折，甚至感到绝望。建议根据自己的成绩来判断所选专业是否适合自己：如果成绩中大多数为 A，说明这是一个好的选择；如果成绩中有一些 A 和一些 B，表明你的选择还不坏；如果成绩都是 B，说明可能还有其他更好的选择；如果成绩中有很多 C，那么你就应该放弃这一专业。

案例分析 3

小王和小林在大学时是睡上下铺的好友。毕业时，小王认为，个人要想发展，就应当进大公司去寻找广阔的发展空间，因为大公司名气大，牌子硬，管理规范，发展的机会很多，所以，他立志要到大公司去实现自己的梦想，并且通过努力如愿以偿进了一家大日资公司。小林则认为，人在哪里工作不是很重要，重要的是要能施展自己的才能，实现自己的价值。他还认为，在小公司里，人少，个人发展的机会反而可能更多。所以，毕业时他找了一家小公司。

后来，在工作实践中，由于小王所在的公司人才济济，他只能做一些与自己的专业没有什么关系的杂活，在相当长的一段时间里，他所在部门的重要工作都由领导安排其他人去做，根本轮不到他去实现自己的愿望。小林的公司则由于人手少，有了活大家一起干，工作成果见效快，他的才能在这里也很快就显露出来。不久，小林的公司由于业务发展了，成立了一个公关部和一个策划部，由他出任策划部的经理，负责招聘一批年轻人来部门工作。

小王和小林经过一段时间后，一个是郁郁寡欢，很不得志，一个是如鱼得水，快马加鞭。

温馨点评：

求职择业的大学生应该对自己做出正确的评价，从不同的招聘单位中选择最适合自己发展的一个。记住：最好的未必适合自己，只有适合自己的才是最好的。

六、求职的基本方法

案例分析 4

一位普通的中职毕业女生，为了减轻家里的负担，希望尽快找到一份工作，她到一家日企公司应聘，经理看了她的履历表，婉言谢绝了。她收拾起材料，准备告辞。但她起身时，扶椅子的手掌被钉子扎了一下。原来椅子上有一颗钉子露出了头，幸好手掌没被划破。她见房角有个锤子，征得同意后用它把钉子敲下去，然后转身离去。几分钟后，经理派人将她追了回来，原来她被录用了。

温馨提示：

勿以善小而不为，勿以恶小而为之。细小的事情也能体现出求职者的责任心，有强烈责任感的人，正是许多用人单位所需要的。

图 7-8

七、调整变化　适应变化发展需要

案例分析 5

芳芳调整过几次发展目标？她为当服饰店的老板做了哪些准备？学的日语有用吗？

活泼开朗的芳芳失眠了，她怎么也想不通，学了三年的商务日语，毕业后却当了售货员，和自己当初的理想离得太远了，有些不甘心。三年来，芳芳学习刻苦，时间抓得很紧。脖子上挂个 MP3，不是听音乐，而是一有空就练日语听力，连上学的路上也都在背单词。学校举行日语演讲大赛，芳芳一举夺魁。站在领奖台上的芳芳，畅想着自己的未来：当翻译，成为一名优秀的外语人才。可现在自己的未来成了一场梦。

想到双双下岗的父母和拮据的家境，她还是决定去坐落于闹市区的商厦上班。不久，一位外国的顾客到相邻柜台买皮质拉杆箱。芳芳发现那位售货员大姐表情尴尬，因为语言不通，沮丧的日本顾客摇摇头打算离开。芳芳赶紧走过去，用流利的日语回答顾客的问题，帮售货员大姐翻译皮具保养常识，顾客买下了高档拉杆箱，伸出大拇指夸奖芳芳的日语说得好，

并对她的服务表示感谢。这下芳芳的名字在商厦传开了，同事们都知道了在本商厦有一位能讲一口流利日语的中职毕业生。她也意识到当一名售货员，一样可以学有所用。此后成为一名能为顾客提供双语服务的优秀售货员，成了芳芳新的奋斗目标。

【人生启迪】

外部条件的变化，既会对从业者发展目标的实现带来困难，也会给职业生涯发展带来新机遇，每个从业者必须正视现实，勇敢地面对挑战。要善于抓住机遇，不失时机地调整发展目标，根据新目标有的放矢地提高自己，用自身素质的提高来主动适应外部条件的变化。

1. 对应外部条件变化的需要

发展目标的实现，需要发展条件的保证。有些外部条件的变化，从业者个人往往难以掌控。在外部条件变化导致职业生涯发展目标难以实现时，必须及时调整近期目标和发展措施，甚至调整长远目标。

中职生职业生涯发展外部条件的第一个变化，很可能是就业市场需求的变化。这一变化，可能导致首次就业岗位与自己规划的发展目标差距过大。其他的变化，大多发生在职业生涯开始以后，大致有一下五类：一是经济形势、产业结构的调整；二是行业发展趋势变化和技术、工业更新；三是从业者所处的组织环境，即所在单位的人际关系发生变化；四是因用人单位需要，产生了岗位、职务的变迁；五是新的发展机遇出现。

规划必须有稳定性，以确定的目标和措施约束自己的行为。规划必须有灵活性，要与时俱进地根据外部条件的变化调整发展目标和措施。在职业生涯规划实施过程中，从业者要审时度势，处理好严肃性、灵活性之间的关系。

2. 适应自身素质变化的需要

处于成长期的青年人变化明显，中职生在校三年会在品德、行为习惯、知识、技能、阅历、价值观、性格等很多方面发生变化，家庭经济状况和身体条件等方面或许也与三年前不同，这些变化可能导致阶段目标甚至长远目标需要修正，相应地也需要调整发展措施。

随着人生发展到不同阶段，我们应经常分析追求的目标及其价值，分析面临的变化。许多不成功的职业生涯规划，往往源于对外界和自身变化的忽视。职业生涯规划调整的实质，在于通过对以往成长经验的反思，审视自身情况的变化，主动适应外部条件的变化。

八、创业是就业的重要形式

案例分析6

　　小霞学商务日语专业，中职毕业后曾在一家酒店做客服工作，后因酒店效益不好转让而下岗。酒店的工作经历，让她很清楚来当地旅游的日本人多，经营对日旅游纪念品的地方少。于是，她在日本人流量大的地方开了一家旅游纪念品小店。柜台一个月的租金和她原来半年的工资差不多。小霞省吃俭用、起早贪黑，但由于竞争激烈，最初阶段经营得很艰难。后来，小霞凭借自己懂日语的优势站稳了脚。别人挣了钱，买大房子、小汽车，而小霞却用第一桶金买了门市房和厢式货车。她采用"平价"的经营模式，拓展零售业务，吸收加盟，逐渐形成规模。后来，她又成立了公司拓展其他业务。如今，她的集团旗下已经有8家子公司，让许多人有了工作，每年都到母校招聘新员工，成为当地著名的企业家。

　　创业让小霞获得成功，能做自己想做和喜欢做的事情。她在完成一个目标后，会产生再往前走的冲动。她说："创业是很苦的事情，但原来别人给我发工资，现在我给别人发工资，体会到了不同的感受。"

问题思考

1. 当前的就业形势。
2. 从案例分析中得到的启示。